复杂条件下浅埋地铁
建造围岩稳定与控制

主编 卢智强 凌永茂 陈章林

重庆大学出版社

内容提要

本书围绕山地城市的工程地质环境，主要论述了重庆轨道交通 9 号线一期工程建造工法与工程应用，介绍了超大断面暗挖地铁车站施工工法与围岩稳定性、施工对既有隧道和建筑的影响、地表及围岩变形规律、回填土桩基施工稳定与控制、车站暗挖围岩爆破减震新技术等，分析了地铁车站超深竖井施工力学，为山地城市轨道交通工程建造提供理论与技术支撑，相关技术可以在类似工程中推广应用。

本书可供高等院校、科研院所、工程单位的研究生、科研人员和技术人员学习使用。

图书在版编目(CIP)数据

复杂条件下浅埋地铁建造围岩稳定与控制/卢智强，
凌永茂,陈章林主编. --重庆:重庆大学出版社,
2024. 8. --ISBN 978-7-5689-4775-6

Ⅰ. U231. 3

中国国家版本馆 CIP 数据核字第 2024G8R272 号

复杂条件下浅埋地铁建造围岩稳定与控制
FUZA TIAOJIAN XIA QIANMAI DITIE JIANZAO WEIYAN WENDING YU KONGZHI
主 编 卢智强 凌永茂 陈章林
策划编辑:许 璐

责任编辑:杨育彪 版式设计:许 璐
责任校对:王 倩 责任印制:张 策

*

重庆大学出版社出版发行
出版人:陈晓阳
社址:重庆市沙坪坝区大学城西路 21 号
邮编:401331
电话:(023) 88617190 88617185(中小学)
传真:(023) 88617186 88617166
网址:http://www.cqup.com.cn
邮箱:fxk@ cqup.com.cn (营销中心)
全国新华书店经销
重庆升光电力印务有限公司印刷

*

开本:720mm×1020mm 1/16 印张:10.5 字数:190 千
2024 年 8 月第 1 版 2024 年 8 月第 1 次印刷
ISBN 978-7-5689-4775-6 定价:88.00 元

编委会

前　言

　　山地城市地形十分复杂,高程差大,浅埋地铁车站及区间隧道处于黏土层、强风化软岩层、中风化软岩层中,下穿河流、古建筑、既有建筑和隧道、公路、油气管道等,施工环境特别复杂,因此研究复杂条件下浅埋地铁建造围岩稳定性与控制意义重大。本书以重庆轨道交通9号线一期工程为研究背景,对超大断面暗挖地铁车站施工工法、围岩稳定性、施工对既有建筑和隧道的影响、安全风险模糊评价、地表及围岩变形规律、地铁地基回填土稳定与控制、爆破减震新技术、地铁车站超深竖井施工力学分析进行了详细论述,在工法、隧道围岩稳定与控制、安全评价、关键技术等方面得到创新与应用。

　　本书共6章,第1章介绍了本书的研究意义、国内外研究进展和工程的主要关键技术;第2章介绍了浅埋超大断面地铁车站建造围岩稳定性分析;第3章介绍了复杂环境下地铁施工地层变形规律;第4章介绍了回填土桩基施工稳定与控制;第5章介绍了地铁车站暗挖围岩减震控制爆破技术;第6章介绍了地铁车站超深竖井施工力学分析。

　　本书的研究成果得到"复杂地质条件下地铁工程智慧施工与绿色建造关键技术研究与应用"等项目的支持,凝聚了重庆轨道交通9号线建设运营有限公司、中国建筑股份有限公司、中国建筑第五工程局有限公司、中国建筑第四工程局有限公司、中国建筑第六工程局有限公司、中国建筑第八工程局有限公司、中建隧道建设有限公司、中建交通建设集团有限公司、重庆市轨道交通设计研究院有限责任公司、重庆大学等项目建设者和研究人员的智慧,我们期待本书的出版和传播能给广大地铁建设者带来启发与帮助,指导我国山地城市轨道交通建设。

　　限于作者水平,书中难免有欠妥之处,恳请读者不吝指正。

编委会

2024 年 4 月

目　录

第1章 绪 论

1.1 研究意义

随着我国城市的发展与人口的不断增加,城市轨道交通发展迅速。许多地铁车站、区间隧道下穿高速公路、铁路、河流、居民小区、油气管道等,线路穿越风化严重的岩层、土层、松散回填土,岩土稳定性差、沉降不均匀,施工环境特别复杂。因此,研究复杂条件下浅埋地铁建造围岩稳定与控制意义重大。

超大断面地铁车站施工工法有:三台阶七步开挖法、中隔墙开挖法、双侧壁导坑法、先拱后墙法、T形岩梁岩柱施工法、十字形岩梁岩柱施工法等。例如:德国慕尼黑地铁渡线段慕尼黑地铁车站,最大开挖断面面积为 176 m^2,宽 13.2 m,高宽比最小为 0.5,采用 CD 及双侧壁导坑工法。北京地铁复八线王府井车站埋深 7 m,车站长 241.4 m,宽 32.3 m,高 14.22 m,三拱两柱岛式站台,围岩为永定河冲洪积层,采用暗挖桩柱、导洞先行、洞中作桩,形成支护结构后开挖洞室施工。北京地铁 7 号线双井站为暗挖法施工,采用地下两层双柱三跨的形式,车站主体长 237.6 m,标准段宽 23.1 m,高 16.15 m,断面面积为 320 m^2,围岩为Ⅳ类砂土及黏土,采用 PBA 工法施工。重庆轨道交通 2 号线大坪车站采用暗挖法施工,主体开挖宽 26.3 m,高 20.6 m,断面面积为 430 m^2、最小埋深 4 m、围岩为Ⅲ类泥岩、拱部结构扁平,洞跨比为 0.15~0.5,首次采用"上半断面侧壁导坑法,下半断面先中槽后侧墙开挖,先拱后墙衬砌"的隧道施工新工法。重庆轨道交通 4 号线头塘站是与轨道交通 9 号线的换乘车站,是地下三层 15 m 岛式站台暗挖车站,采用钻爆法施工、复合式衬砌。车站地下一层为站厅层,地下二层为轨道交通 4 号线站台层,地下三层为轨道交通 9 号线站台层,车站总长 237 m,主体最大开挖宽 26.4 m,高 28.21 m,断面面积达到 681 m²,车站隧道拱顶覆盖厚度为 20.0~32.4 m,围岩级别Ⅳ级,属于浅埋超大断面隧道,采用 T 形岩梁岩柱施工法。重庆轨道交通 3 号线红旗河沟站为浅埋暗挖岛式车站,共分为 4 层:第一层为轨道交通 3 号线与轨道交通 6 号线共用站厅层,第二层为轨道交通 3 号线车站站台层,第三层为轨道交通 3 号线车站站台下层暨轨道交通 6 号线车站设备层,第四层为轨道交通 6 号线车站站台层,车站洞室长 178.9 m,最大净宽 21.15 m,净高 30.23 m,净空面积为 536.39 m²,覆盖层厚 16.86~21.2 m,采用预留十字岩梁岩柱的隧道施工新方法。重庆轨道交通 9 号线一期工程五里店站为明挖、暗挖结合的地下换乘车站,总长 215.4 m,其中暗挖段长度为 139.4 m,明挖段长度为 76 m,站台宽 13 m。车站暗挖段形式采用地下二层岛式车站,暗挖段拱顶埋深 10.2~12.48 m,为浅埋隧道,单拱大断面,复合式衬砌,按照Ⅳ级围岩进行设计,分Ⅳ$_A$、Ⅳ$_B$ 两种断面,采用双侧壁导坑法施工,Ⅳ$_A$ 断面开挖面积为 421.38 m²,Ⅳ$_B$ 断面开挖面积为 433.59 m²,均属超大断面。洞身范围内主要为中等风化砂质泥岩夹薄层砂岩,洞口段隧道顶部主要为素填土,局部为强风化砂质泥岩。

当前,隧道围岩压力理论有全土柱理论、普氏理论、太沙基理论、比尔鲍曼理论。重庆地铁车站隧道设计时,施工图总体设计技术要求文件规定:"当隧道拱顶岩石覆盖层厚度<0.5~1 倍洞跨(Ⅲ级围岩)、≤1~2 倍洞跨(Ⅳ级围岩)、≤2~3 倍洞跨(Ⅴ级围岩)时,按浅埋隧道设计。"浅埋暗挖车站隧道采用复合式衬砌,支护参数通过工程类比确定,辅以计算验证,施工期间按"动态设计、信息法施工"的原则进行调整。初期支护为柔性支护,容许围岩产生一定的变形,控制松动区的过度变形,采用锚杆、喷射混凝土、工字钢或格栅、钢筋网等组合支护。二次衬砌采用钢筋混凝土结构,按永久承载构件单独承担上部围岩重力、外加荷载作用的要求进行设计,计算方法采用荷载-结构法,进一步优化衬砌厚度和配筋。

综上所述,针对大跨度、超大断面、浅埋软岩地铁车站施工安全与岩体稳定性问题,新建车站与隧道对既有隧道和建筑物的影响,还需创新与优化现有的工法,解决复杂条件下浅埋地铁建造的难题,提出合理的、经济的支护方法,分析地铁车站初期支护围岩压力、洞周变形、地面沉降规律,建立浅埋软岩地铁车站围岩压力与地表沉降模型。

1.2 工程概况

重庆轨道交通 9 号线一期工程是国务院批准重庆市城市轨道交通第二轮建设规划项目之一,是重庆市首条采用 EPC 总承包模式建设的轨道交通线路,从新桥站至兴科大道站,线路全长 33.876 km,其中地下线 31.804 km,高架线 2.072 km。新桥站—高滩岩站(不含)段,线路长 1.600 km,为当前正在建设线路,高滩岩—兴科大道站段,线路长 32.276 km,为已通车运营线路。全线设站 26 座,其中地下站 23 座,高架站 2 座,地面站 1 座,换乘站 12 座,设置台商车辆段 1 座,设新桥停车场 1 座。

重庆轨道交通 9 号线一期工程沿线经过陆军军医大学西南医院、沙坪坝商圈、重庆天地、嘉陵江、观音桥商圈、江北城 CBD、寸滩保税港区和空港工业园区(B 区)等重点区域,衔接了沙坪坝区、渝中区、江北区、渝北区和两江新区。重庆轨道交通 9 号线一期沿线将分别与轨道交通 1、3、4、5、6、10 号线及环线实现换乘,沿线车站规划有公交站点、停车场等配套交通设施,建成后将实现城市内无缝换乘。

重庆轨道交通 9 号线一期五标段轨道桥位于已建成通车的嘉华大桥上游 80 m 处,为达到美观效果,嘉华轨道专用桥设计形式、跨径与下游嘉华大桥一致。嘉华轨道专用桥南接渝中区化龙桥站,北至江北区暗挖隧道,建成后重庆轨道交通 9 号线将成为国内首个穿楼并在楼内设站的地铁线路,国内首创以高架形式在重庆天地嘉陵帆影商业裙楼内设化龙桥站。

嘉华轨道专用桥设计形式为 T 形钢构桥,全长 618.915 m,主跨 252 m,跨中 92 m 段为钢箱梁,主墩采用薄壁空心墩,是全球最大跨度的钢构-连续钢混组合结构双线轨道专用桥,其效果图如图 1.1 所示。

嘉华轨道专用桥主跨混凝土箱梁支点处梁高 15.7 m,138 m 边跨端部 5.0 m,按 1.5 次抛物线变化。箱底板宽 6.7 m,双侧对称悬臂 2.9 m,顶板全宽 12.5 m,钢箱梁主要由顶板、底板、腹板及各自的加劲肋组成,外形几何尺寸与混凝土箱梁保持一致,桥面水平,梁高在 5 000 ~ 6 531 mm 变化。墩柱为薄壁空心墩,采用桩基加承台基础形式。

图 1.1 重庆轨道交通 9 号线一期五标段嘉华轨道专用桥效果图

重庆轨道交通 9 号线一期工程共设 26 座车站,以五里店站、高滩岩站为例,车站概况如下。

五里店站位于江北区对山立交北侧的溉北路道路下,沿溉北路由南向北走向,为明、暗挖相结合的地下换乘车站,车站起点里程 YDK17+553.355,终点里程 YDK17+768.755,总长 215.4 m,其中暗挖段为 YDK17+553.355 ~ YDK17+692.755,长 139.4 m,明挖段为 YDK17+692.755 ~ YDK17+768.755,长 76 m。

五里店站结构总长 217.8 m,设置为明、暗挖相结合的地下车站,站台宽 13 m。暗挖段长 165.2 m,车站形式采用地下两层岛式车站,单拱大断面,复合式衬砌,双侧壁导坑法开挖;明挖段长 52.6 m,车站形式采用 4 层框架结构。换乘通道与原五里店车站枢纽一侧接入,通道从轨道交通 9 号线五里店站站厅层(标高 220.280 m)到五里店公交枢纽地面层(标高 250.000 m)设置暗挖换乘通道,长约 154 m,宽 12 m,然后在五里店公交枢纽地面层设置换乘通道直接连通同一层的轨道交通环线、轨道交通 6 号线车站站厅层。车站设置两组风亭,4 个出入口。

车站形式采用地下两层岛式车站,为单拱大断面隧道,隧道宽约 25.6 m,高约 19.4 m,设计采用双侧壁导坑法进行开挖,暗挖段拱顶埋深 10.2 ~ 12.48 m,为浅埋隧道,复合式衬砌,按照Ⅳ级围岩进行设计,分Ⅳ$_A$、Ⅳ$_B$两种断面,采用双侧壁导坑法施工,Ⅳ$_A$ 断面开挖面积为 421.38 m²,Ⅳ$_B$ 断面开挖面积为 433.59 m²,均属超大断面。洞身范围内主要为中等风化砂质泥岩夹薄层砂岩,洞口段隧道顶部主要为素填土,局部为强风化砂质泥岩,车站暗挖段地下水不发育,地层稳定。

高滩岩站为地下岛式、暗挖法建车站,车站呈近南北向长轴展布。起止点桩号为右 YCK0+309.214 ～ 右 YCK0+564.277,站台中心里程为右 YCK0+401.214,车站全长 255.063 m,宽约 22.6 m,设计底标高 237.701 m,为二层建筑,从下向上依次为站台层、站厅层。站厅层顶标高 257.151 m。高滩岩站设计在站厅层(地下一层)有 3 号、4 号出口,直接通往地面,并于 3 号、4 号出入口及 2 号风亭组设置 4 号安全出口及无障碍电梯;站厅层(地下一层)两端设计有三风亭(1 号风亭组、2 号风亭组、活塞风井)。高滩岩站顶标高与地面的高差为 19.8 ～ 28.6 m。

1.3 国内外研究进展

1.3.1 隧道围岩压力计算理论

第一阶段:古典压力理论阶段。发展于 20 世纪 20 年代以前,著名人物有瑞典地质学家海姆(A. Haim)、英国学者朗肯(W. J. M. Rankine)和苏联学者金尼克(A. H. Jinnet),通过研究,他们认为作用在支护结构上的压力是洞室上方覆盖岩土层的全部质量。其中海姆在 1912 年提出各向等压假设认为岩土体的侧压力系数为 $\lambda = 1$。朗肯的散体理论则认为侧压力系数 $\lambda = \tan^2(45° - \varphi/2)$。金尼克于 1926 年根据弹性理论修正了海姆假说,侧压力系数 $\lambda = \mu/(1-\mu)$。

第二阶段:散体岩土压力理论阶段。实际工程中人们逐渐发现古典岩土压力理论在开挖深埋隧道时与实际不符,提出了塌落拱理论。该理论认为围岩具有自承载能力,能充分发挥围岩的作用。普氏理论认为,隧道开挖后,顶部岩体失去稳定,产生坍塌,形成自然拱,随后,隧洞两侧由于应力集中而逐渐破坏,顶部坍塌进一步扩大形成塌落拱。普氏理论认为隧道塌落拱呈抛物线形,而土力学家太沙基认为塌落拱形状为矩形。

第三阶段:共同作用的现代支护理论阶段。20 世纪 60 年代,随着新奥法理论的提出,形成了围岩与支护结构共同作用的新理论。新奥法认为围岩既是压力载荷,又是承载结构,且是构成这个结构的天然材料,它能充分利用围岩的自承载能力,其思维接近于地下工程建设实际,已被广泛认可。

1)全土柱理论

对于明挖回填工程或超浅埋隧道,不考虑隧道两侧岩体对顶部岩体的摩擦力,围岩压力按隧道上覆岩体的自重计算,故洞顶围岩压力 q 为:

$$q = \gamma H \tag{1.1}$$

洞室的水平侧压力 e_1、e_2 分别为：

$$e_1 = \gamma H \lambda \qquad (1.2)$$

$$e_2 = \gamma(h + H)\lambda \qquad (1.3)$$

$$\lambda = \tan^2\left(45° - \frac{\varphi}{2}\right) \qquad (1.4)$$

式中，γ 为岩体的容重，$\mathrm{kg/m^3}$；H 为隧道埋深，m；λ 为侧压力系数；φ 为围岩的计算摩擦角，(°)；h 为隧道开挖高度，m。

全土柱理论法围岩压力计算公式假定洞室支护结构受到的竖向压力只与岩体容重及洞室的埋深有关，适用于超级浅埋洞室，但当隧道埋深较大或围岩状况较好时，计算结果偏大。

2）普氏理论

普氏理论基于自然平衡拱理论而建立，适用于具有一定自承载能力的深埋隧道，该理论把岩体看作具有一定内聚力的松散体，假定岩土体在开挖后洞室上部岩体应力重新分布并形成自然平衡拱，围岩压力以拱形传递到洞室两侧，而不对洞室支护结构产生影响。因此，塌落拱内的岩体自重即为岩体作用于洞室支护结构上的围岩压力。塌落拱的形状和尺寸（即它的高度 h_k 和跨度 b）与岩体的似摩擦系数 f 有关，表达式为：

$$h_k = \frac{b}{f} \qquad (1.5)$$

式中，h_k 为塌落拱高度，m；b 为塌落拱跨度的一半，m。

岩体的抗剪强度按 $\tau = \sigma \tan \varphi + c$ 计算，若将岩体视为松散体，同时保证其抗剪强度不变，即 $\tau = \sigma f$，则

$$f = \frac{\tau}{\sigma} = \frac{\sigma \tan \varphi + c}{\sigma \tan \varphi \dfrac{c}{\sigma} \tan \varphi_0} \qquad (1.6)$$

式中，φ，φ_0 分别为岩体的内摩擦角和计算摩擦角，(°)；τ，σ 分别为岩体的抗剪强度和剪切破坏时的正应力，kPa；c 为岩体的黏结力，kPa。

地下洞室开挖时，岩体侧壁围岩在开挖扰动时产生的应力重分布作用下出现侧向位移，自然塌落拱的跨度也相应增加，如图1.2所示。

$$a_1 = a + H \tan\left(45° - \frac{\varphi_0}{2}\right) \qquad (1.7)$$

式中，a_1 为压力拱宽度的 1/2，m；a 为隧道宽度的 1/2，m；H 为隧道开挖高度，m；φ_0 为计算摩擦角，(°)，$\varphi_0 = \arctan f$。

围岩垂直均布松动压力为：

$$q = \gamma h_{\mathrm{k}} \qquad\qquad (1.8)$$

作用在支护结构上的围岩侧压力为：

$$e_1 = \gamma b_0 \tan^2\left(45° - \frac{\varphi_0}{2}\right) \qquad\qquad (1.9)$$

$$e_2 = \gamma(b_0 + H)\tan^2\left(45° - \frac{\varphi_0}{2}\right) \qquad\qquad (1.10)$$

普氏理论基于压力拱原理而建立,无法在不能形成压力拱的情况下使用,由于普氏理论将地下洞室开挖中的围岩体视为松散体,同样不适用于完整性较好的岩体,在硬岩中其计算结果偏大,在软岩中偏小。

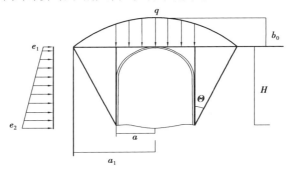

图 1.2 普氏理论计算简图

3）太沙基理论

在太沙基理论中,地层岩体仍然是具有一定内聚力的松散体,而地下洞室开挖引起围岩作用于支护结构上围岩压力的原因则与普氏理论有所不同,太沙基理论认为围岩压力是由地下洞室开挖的围岩应力重分布造成的围岩应力传递引起的。太沙基理论计算简图如图 1.3 所示。

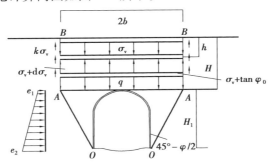

图 1.3 太沙基理论计算简图

太沙基理论认为地下洞室开挖造成上覆岩体发生变形,洞室开挖会产生如图 1.3 所示的滑动面 OAB,认为垂直作用力 σ_v 是均匀分布的,则水平方向的作用力 $\sigma_H = k\sigma_v$(k 为侧压力系数)。在离地面深度为 h 处取厚度为 dh 的水平岩体带,其平衡条件为所受作用力的合力为零,即

$$\sum V = 0 \tag{1.11}$$

得到

$$2b(\sigma_v + d\sigma_v) - 2b\sigma_v + 2k\sigma_v \tan \varphi_0 dh - 2b\gamma dh = 0 \tag{1.12}$$

展开后得出

$$\frac{d\sigma_v}{\gamma - \dfrac{k\sigma_v \tan \varphi_0}{b}} - dh = 0 \tag{1.13}$$

解方程式(1.13),该方程的边界条件,在地表,即 $h = 0$ 时,$\sigma_v = 0$,可以应用此方程求取洞室上部任何位置的垂直压力为:

$$\sigma_v = \frac{\gamma b}{k \tan \varphi_0}(1 - e^{-k \tan \varphi_0 \cdot \frac{h}{b}}) \tag{1.14}$$

由式(1.14)可以得出,随着洞室上覆围岩厚度的增加,$e^{-k \tan \varphi_0 \cdot \frac{h}{b}}$ 逐渐变小并最终趋近于 0,垂直压力 σ_v 逐渐增大并最终趋近于一个定值,即

$$\sigma_v = \frac{\gamma b}{k \tan \varphi_0} \tag{1.15}$$

太沙基根据实验结果给出了侧压力系数 $k = 1 \sim 1.5$,一般取 $k = 1$,则有垂直压力

$$\sigma_v = \frac{\gamma b}{k \tan \varphi}(1 - e^{-k \tan \varphi_0 \cdot \frac{h}{b}}) \tag{1.16}$$

式中,k 为侧压力系数;b 为延伸至地表破裂面宽的 $1/2$,m。

$$b = a + H_1 \tan\left(45° - \frac{\varphi_0}{2}\right) \tag{1.17}$$

$$e_1 = \sigma_v \tan^2\left(45° - \frac{\varphi_0}{2}\right) \tag{1.18}$$

$$e_2 = (\sigma_v + \gamma H_1) \tan^2\left(45° - \frac{\varphi_0}{2}\right) \tag{1.19}$$

式中,H_1 为隧道开挖高度,m。

4)比尔鲍曼理论

工程实践和试验均表明,随着隧道埋深增加或者当工程地质较好时,全土柱

理论的计算结果比实际值偏大,于是发展出了考虑土柱两侧摩擦力和黏聚力的比尔鲍曼理论,其理论计算简图如图 1.4 所示。

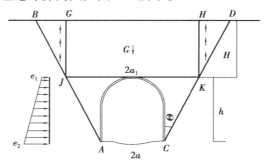

图 1.4 比尔鲍曼理论计算简图

由于洞室开挖上覆围岩应力重分布,上覆岩体沿一定的破裂线向下滑动,两侧岩体向临空方向移动,两个破裂面 AB 和 CD 与垂直线的夹角为 $45° - \dfrac{\varphi}{2}$,洞室上覆岩体的岩体 $GJKH$ 总质量减去破裂面 GJ、KH 两侧的滑阻力 T 为上覆围岩作用于支护结构上的围岩压力 Q,作用在支护结构上的垂直方向的总压力:

$$Q = G - 2T \tag{1.20}$$

如图 1.4 所示,滑阻力 T 为岩体黏聚力和岩体相对滑动的摩擦力之和,其中上覆岩体侧面上任意位置处的滑阻力:

$$T = c + e_z \tan \varphi \tag{1.21}$$

式中,e_z 为距地面 Z 处的侧压力,kN/m^2。

按朗肯公式得:

$$e_z = \gamma Z \tan^2\left(45° - \frac{\varphi}{2}\right) - 2c \tan\left(45° - \frac{\varphi}{2}\right) \tag{1.22}$$

式中,c 为岩层的黏聚力,MPa;φ 为岩层的内摩擦角,(°);γ 为围岩的容重,kN/m^3。

作用在隧洞顶部的垂直均布压力:

$$q = \frac{G - 2T}{2a_1} = \gamma H\left[1 - \frac{H}{2a_1}K_1 - \frac{C}{a_1\gamma}(1 - 2K_2)\right] \tag{1.23}$$

式中,$K_1 = \tan^2\left(45° - \dfrac{\varphi}{2}\right)\tan \varphi$,$K_2 = \tan\left(45° - \dfrac{\varphi}{2}\right)\tan \varphi$。

1.3.2 隧道支护结构与围岩的作用关系

隧道支护结构与围岩的接触状态可分为接触密实、松散和空洞 3 种情况。

《铁路隧道衬砌质量无损检测规程》(TB 10223—2004)用地质雷达反射信号强弱将隧道衬砌状态检测项目中对隧道背后状况分为密实、不密实、空洞,分别解释定义为:"密实系指衬砌与围岩密贴或衬砌背后全部用填料回填,填料内无空隙。不密实系指衬砌背后全部用填料回填,但填料内空隙率较大。空洞系指衬砌背后没有或部分回填,衬砌背后有明显空隙、空腔和空洞。"《公路隧道养护技术规范》(JTG H12—2015)中将"衬砌背面空隙"作为隧道病害原因,并解释为"衬砌背面空隙主要指在隧道施工时,由于回填不密实或其他原因,在衬砌与围岩之间存在空隙"。《铁路运营隧道衬砌安全等级评定暂行规定》(铁运函〔2004〕174号)为区分"不密实"与"空洞",定义"衬砌背后未回填深度及直径大于 10 cm 时属于有空洞"。《铁路桥隧建筑物劣化评定标准—隧道》(TB/T 2820.2—1997)规范了衬砌背后空洞的判定基准及相关损伤度,对于空洞尺寸大于 50 cm、10~50 cm、小于 10 cm 等情况时的损伤值和判定级别进行了规定。

隧道支护结构中的接触作用可以划分为:"面-面"接触、"面-体"接触以及"线-体"接触等多个类型,其中衬砌与围岩、初期支护与二次衬砌、不同岩块之间的接触均属于"面-面"接触;型钢拱架与混凝土、钢板与混凝土的接触属于"面-体"接触;管棚钢管与围岩、锚杆与围岩、钢筋与混凝土、螺栓与管片的接触属于"线-体"接触。隧道工程支护结构与围岩的作用如下:

①围岩与管棚的接触作用:管棚钢管主要发生横向弯曲变形,轴向伸缩变形不大,在浆液黏聚力作用下,管棚与围岩之间通常不会发生沿轴向的滑移。因此围岩与管棚的相互作用为"线-体"接触,界面力学特性为完全黏结接触。

②围岩与锚杆(索)的接触作用:锚杆(索)具有悬吊作用、组合梁作用、楔固作用、挤压加固作用,锚杆(索)主要发生轴向伸缩变形,随着伸缩变形的增加,界面剪应力有可能大于界面黏聚力而发生相对滑移。因此围岩与锚杆(索)的相互作用处理为"线-体"接触、界面力学特性为黏结-滑移接触。

③格栅钢架与混凝土衬砌的接触作用:格栅钢架通常埋置于喷射混凝土内部,在箍筋的限制下,格栅钢架很少会在混凝土内部发生滑移。因此处理为"线-体"接触,界面力学特性为完全黏结接触。

④型钢拱架与混凝土衬砌的接触作用:型钢拱架可以视为由多块钢板组合的结构。为简便起见,将型钢拱架与混凝土衬砌的相互作用处理为"面-体"接触,界面力学特性为完全黏结接触。

⑤岩块之间的接触作用:块状岩体隧道中不同岩块之间的相互作用属于"面-面"接触的范畴。此外,不同岩块接触面在空间上会出现大量交叉线,从而

形成交叉接触问题。因此不同岩块之间的相互作用处理为"面-面"接触/交叉接触,界面力学特性为库仑摩擦接触。

⑥围岩与初支结构的接触作用:同样属于"面-面"接触的范畴,其数值计算原理与前述块状岩体基本相同。

1.3.3 地铁车站施工工法

国际隧道协会(ITA)对隧道断面的划分标准:极小断面隧道断面面积为 2 ~ 3 m^2,小断面隧道断面面积为 3 ~ 10 m^2,中等断面隧道断面面积为 10 ~ 50 m^2,大断面隧道断面面积为 50 ~ 100 m^2,特大断面隧道断面面积大于 100 m^2。当前国内外在特大断面隧道施工过程中,基本方法主要有[交叉中隔墙法(CRD 法)、三台阶七步开挖法、弧形导坑法、中隔壁法(CD 法)、双侧壁导洞法、三导坑法等],主要通过化整为零,将大断面隧道分步、分块变成小断面开挖,使隧道在一定的支护条件下,达到闭合或半闭合承载结构,能够更快达到自稳,进而减少施工难度,保证在地质条件较差情况下的施工可靠性。

以新奥法原理为基础,在不同的工程中根据具体的工程特点,进行二次拓展是目前国内外对特大断面、超大断面隧道施工的主要方法。目前,针对特大断面隧道施工比较普遍的方式是根据工程地质条件改变开挖方法,将大断面隧道化整为零,分层、分段施工,不仅使开挖断面能够快速达到稳定阶段,而且施工安全性和稳定性大大增加,既契合本身地质条件,又有基础理论支撑,还符合安全施工规范,但小断面、多段开挖具有不能大规模机械施工、施工工期长等缺点。

近年来,一些科研院所、设计单位和建设单位延用特大断面隧道施工工法设计思路,在常规特大断面隧道施工工法的基础上不断创新优化,提出了一些新的隧道施工工法,例如,英法段英法海峡分叉隧道,最大开挖断面面积为 256.7 m^2,宽20.22 m,高15.8 m,用双侧壁导坑工法。浙江甬台温线西岙隧道,开挖断面达252 m^2,宽21.2 m,高15.4 m,围岩为细砂、中砂及凝灰质黏土,采用中隔壁(CD)法施工。沈阳地铁 2 号线北站暗挖段为双层三拱两柱结构,岛式站台,站台板宽13.9 m,埋深6.4 m,开挖宽26.3 m,高16.95 m,断面面积为 340 m^2,采用洞桩法施工。重庆轨道交通 9 号线红岩村站,车站为地下两层暗挖车站,地下一层为站厅层,地下二层为站台层,车站总长 262.3 m,宽21.8 m,最大埋深超过 100 m,地质条件较好,主要岩层为砂岩和砂质泥岩,采用拱盖法,以实现软岩地区深埋暗挖车站安全高效开挖。北京地铁 17 号线东大桥站,车站为岛式车站,站台宽15 m,总长 336.8 m,车站标准段为暗挖双层双柱三跨结构,断面采用 6 洞室的 CRD 法施工,根据施工步序,依次开挖各个导洞并施作初期支护、临时仰拱、中隔壁,下穿段施工前,采用打设咬合管幕+全断面深孔注浆超前加固地层。北京某地铁车站主体为双层三跨暗挖岛式车站,车站主体结构为双柱三跨结构,采用新型 PBA 工法施工,共设 3 个施工导洞(2 个边导洞+1 个中导洞,中导洞为 CD 法施工,共用中隔壁)。

1.4 研究与创新

本书以重庆轨道交通 9 号线一期工程为研究背景,研究浅埋超大断面地铁车站建造围岩稳定性、复杂环境下地铁施工地层变形规律、回填土桩基施工稳定与控制、地铁车站暗挖围岩减震控制爆破技术、地铁车站超深竖井施工力学分析,取得的创新如下:

①重庆轨道交通 9 号线工程实践表明,山地城市特大断面地铁车站建造采用三台阶法、CRD 法和双侧壁导坑法施工引起的围岩变形逐渐减少。在传统双侧壁导坑法的基础上,提出施工工艺改进和施工保障措施优化,成功解决大断面浅埋暗挖隧道在土岩结合面段安全开挖和进出洞难题,进一步完善了双侧壁导坑法。

②新建地铁工程施工对既有隧道支护结构重复扰动的影响具有叠加效应,对既有隧道支护结构影响最大,对既有隧道支护结构水平位移在拱顶位置处达到最大,对既有隧道结构竖向正应力的影响较小。

③建立了浅埋暗挖地铁车站诱发邻近建筑物损伤风险模糊层次综合评估法,可用于城市地下地铁车站诱发地表建筑物损伤风险评估体系。

④隧道纵坡对周边地层及隧道本身的受力和变形影响较小,开挖面主应力绝对值随埋深增大而增大,主应力大体上与埋深呈线性关系。纵坡值小范围内增加不会显著影响开挖面的应力值。

⑤隧道开挖引起的周围土体变形区域主要位于隧道上方及上方左右两侧,变形以竖向沉降为主,水平变形为辅,砂土地层呈现出整体较均匀变形模式,竖直与水平方向变形均大致对应隧道轴线对称。

⑥砂土地层中,隧道掌子面在桩基-隧道中心轴线前时,隧道周围地层变形较小,即隧道开挖的影响还未到达(刚到达)该区域;掌子面位置经过桩基-隧道中心轴线切面后,切面上地层发生持续变形,直至掌子面位置距离该面约 2 倍直径后重新达到稳定平衡状态,变形基本完成。

⑦通过理论计算得到的新建地铁工程施工过程中既有隧道支护结构的应力及位移曲线趋势与数值模拟得出的曲线趋势相同，其应力、位移变化趋势和最大位移值均与数值模拟结果较为接近，表明构建的地质力学模型及计算方法合理且实用。

⑧提出和采用了360°全回转全套管桩基施工技术。实践证明：该技术具有防塌孔、缩颈等优势，成孔质量好，垂直度可精确到1/500；无须泥浆护壁，无噪声，无振动，对周边环境扰动小；适用于富水软弱地质、岩溶地区等各类易塌孔地层中桩径为 $\phi 500 \sim \phi 2\,000$ mm的钻孔灌注桩施工，特别适用于环境控制严格的超深桩基成孔施工，最大成孔深度可达 120 m。

⑨建立了复杂地质条件和高度敏感建（构）筑物下自动化、信息化的深长桩基成孔技术，通过精准倾斜报警系统、三轴速度传感器技术和自动化变形监测系统对360°全套管全回转设备成桩施工要点进行信息化监控，有效减少成孔过程中对地层的扰动，减少地表建筑物沉降变形。

⑩地铁暗挖减震控制爆破工法切割分块既有区间隧道结构，利用围岩原位扩挖爆破冲击力，实现隧道衬砌结构快速安全拆除；基于 CD 法和台阶法，利用有限元数值模拟 ANSYS/LS-DYNA 优化了暗挖区间隧道原位扩挖地铁车站减震控制爆破方案。

⑪揭示了地铁车站百米超深通风竖井漏渣法施工和深厚抛填土近接桩基小净距隧道施工的围岩应力、位移特征，有效指导了重庆轨道交通 9 号线一期工程施工。

第2章 浅埋超大断面地铁车站建造围岩稳定性分析

浅埋暗挖超大断面地铁车站,具有埋深较浅、断面较大、地质状况复杂的特点。地铁车站的开挖引起的隧道围岩的扰动和地表沉降会对既有隧道和周边建筑物的稳定性造成影响。为了保障车站施工安全,选择合理的施工工法,本章使用模拟软件 FLAC3D 有限差分软件、有限元软件 ANSYS、midas GTS NX 软件等模拟各种情况下隧道施工对于开挖车站、既有隧道和建筑物的影响。使用模糊层次分析方法评估隧道穿越建筑群的施工风险概率及邻近区域某一特定建筑的损伤风险。

2.1 地铁车站施工工法与围岩稳定性分析

重庆轨道交通 9 号线一期五里店站,结构总长 217.8 m,设置为明、暗挖相结合的地下车站,其中暗挖段长 165.2 m,车站形式采用地下两层岛式车站,单拱大断面,复合式衬砌,双侧壁导坑法开挖。经地面地质调查和钻孔表明,勘察区出露的地层由上而下依次可分为第四系全新统填土层、残坡积层粉质黏土和侏罗系中统沙溪庙组沉积岩。层岩体较完整,地下水以基岩裂隙水及松散层孔隙水为主。

2.1.1 五里店站地质条件

1)地形地貌与地层岩性

(1)地形地貌

五里店站原始地貌为构造剥蚀斜坡地貌。由于地处城市地带,高挖低填,部分原始地貌大部分已发生显著变化。车站主体位于溉北路上,地形平坦。2 号风亭组位于斜坡上,地形坡角较陡,坡角为 45°~55°。其余地段坡角整体较为平缓,地形坡角一般为 5°~12°。车站及附属范围地面高程为 241~271 m,相对高差约 30 m。

(2)地层岩性

经地面地质调查和钻孔揭示,勘察区出露的地层由上而下依次可分为第四系全新统填土层(Q_4^{ml})、残坡积层粉质黏土(Q_4^{el+dl})和侏罗系中统沙溪庙组(J_2s)沉积岩层。各层岩土特征分述如下。

①第四系全新统填土层(Q_4^{ml})。

素填土(Q_4^{ml}):灰褐色、灰黄色,城市道路或人行道表层约 70 cm 为路面及基层,其下主要由黏性土以及砂、泥岩块石碎石等组成,局部夹有少量塑料、布条、木材等生活垃圾及砖块、混凝土块石等建筑垃圾。一般石含量为 30%~50%,一般粒径为 10~400 mm,最大粒径可超过 500 mm;车站主体沿线填土结构以稍密为主,局部稍密—中密,稍湿,回填年限大于 5 年;附属结构范围内填土以松散为主,局部呈稍密状,稍湿,抛填时间 2~5 年。钻探揭露素填土层厚度 0.6~28.6 m。

残坡积层粉质黏土(Q_4^{el+dl}):褐黄色,一般呈可塑状,无摇振反应,干强度中等,韧性中等,钻探揭露粉质黏土厚 0~6.1 m。

在原始地貌低洼地带填土底部、覆盖层与基岩接触带(基岩面附近)或上层滞水出露点地段,受上层滞水频繁活动的影响,常形成以软~可塑状黏性土为主、厚度 0.1~0.3 m(局部可达 0.5 m 以上)的软弱薄层;在原始地貌沟谷区,地面下 0.2~0.8 m(局部可达 1.5 m 以上)的粉质黏土以灰黑色、含植物根系、有机质为主,受地下水活动的影响,黏性土多呈软塑—流塑状,状态很差。

②侏罗系中统沙溪庙组(J_2s)。

砂质泥岩:以紫褐色、紫红色为主,泥质结构,薄层状构造。表层强风化带一般厚度 0.9~1.1 m,强风化岩芯呈碎块状,风化裂隙发育,岩体质量等级为 V 级;中风化岩芯呈柱状,岩体较完整,统计岩石室内饱和抗压强度为 8.1 MPa,属软岩,岩体基本质量等级为 IV 级。

砂岩:灰色,中粒结构,薄—中厚层状构造,泥钙质胶结。主要矿物成分有石英、长石等。砂岩强风化层厚度 0.7~2.2 m,强风化岩芯多呈黄灰色,碎块状、短柱状,岩体基本质量等级为 V 级;中风化岩芯呈柱状,岩体较完整,统计岩石室内饱和抗压强度为 21.5 MPa,属较软岩,岩体基本质量等级为 IV 级。

2）基岩面及基岩风化带特征

（1）基岩顶界面特征

场区地形呈斜坡状，岩层产状为115°∠28°，根据钻探揭露，场地内原始地貌斜坡地带岩土界面较陡，倾角为15°～40°。其余地带岩土界面较平缓，倾角一般为5°～8°。

（2）基岩风化带特征

钻探过程根据基岩岩芯获取情况，按风化程度进行划分，将基岩划分为强风化带及中风化带。

a. 基岩强风化带：砂岩多呈砂状，少量呈碎块状，质软，用手易折断；泥岩多呈土状及碎块状。基岩强风化带厚度0.70～1.30 m。

b. 基岩中风化带：中风化带岩芯多呈短柱—长柱状，节长一般为5～30 cm，裂隙一般发育，砂岩及泥岩完整性均较好，泥岩强度较低，砂岩强度相对较高。

3）地质构造

工程区地处四川盆地东南部，构造上属川东弧形褶皱带，位于龙王洞背斜东翼。根据区域资料，岩体受应力作用相对微弱，岩体层面结合较差，岩体结构面主要受构造裂隙控制，根据沿线地质测绘调查，基岩内裂隙较发育，岩体呈块状结构，沿线未发现断层通过。岩层呈单斜产出，砂泥岩界面（层面）结合较差，为软弱结构面，场地内结构面均为统计意义上的结构面。

根据邻近工地及露头的地质测绘调查，基岩内裂隙发育程度为较发育，岩体呈块状结构。主要发育两组构造裂隙：

J1：10°～15°∠69°～75°，裂面呈舒缓波状，裂隙水平延伸10～12 m，垂直延伸3～6 m，裂隙频率0.3～0.5条/m，未充填，结合较差，属硬性结构面。

J2：278°～285°∠50°～65°，裂面凹凸不平，裂隙频率0.2～0.5条/m，裂隙延伸长度5～7 m。裂缝宽100～250 mm，部分有土充填，结合较差，属硬性结构面。

J1与J2裂隙为共轭"X"裂隙；层面贯通性好，为软弱结构面，结合较差。区内节理发育程度为较发育，岩体较完整—完整，岩体呈厚层状—块状结构。

4）水文地质条件

五里店站主要位于构造剥蚀丘陵地貌上，第四系覆盖层在沟谷低洼地段厚度较大，基岩为砂岩、泥岩互层的陆相碎屑岩，含水相对较少。地下水的富水性受地形地貌、岩性及裂隙发育程度控制，主要为大气降水及城市地下排水管线渗漏补给,水文地质条件较复杂。根据沿线地下水的赋存条件、水理性质及水力特征,沿线地下水可分为第四系松散层孔隙水和基岩裂隙水。

通过钻孔水位观测得出,地下水主要分布在原始地貌低洼现状土层厚度较大的区域,勘察期间地下水水量小,抽出后孔内水位恢复较慢,水位不统一,水位标高 218.99 ~ 222.25 m。

5)场地重要建(构)筑物

经调查,五里店站范围内无建筑物,只有四处构筑物,分别是 E 匝道 2 号台,15 号挡墙,环线五里店—弹子石区间,电缆箱涵。

2.1.2 施工工法

五里店站施工工法在传统双侧壁导坑法的基础上,进行了优化。优化的工法特点:通过调整施工步序、优化核心土形式、采用可快速转换的临时钢支撑、优化临时横撑施作时机,加大了作业空间,降低了施工难度,有效地缩短了工期;避免了传统双侧壁导坑法解除上部核心土时两侧凌空高度过大的情况,提高了核心土拆除施工的安全性;根据围岩情况及监测数据合理取消临时横撑,降低了工程成本。

工法操作要点如下。

(1)第一步:左(右)侧壁导坑上部开挖及支护

左右侧导坑开挖掌子面错开 15 m,开挖前先施作超前支护,开挖宽度控制在 1/3 洞宽(约 8 m),开挖高度控制在 8 m 左右,开挖后立即进行初期支护、锁脚锚杆、临时支护,其中,临时支护(含临时横撑)采用 Ⅰ22a 工字钢+网喷混凝土。第一道临时横撑暂不施作,循环进尺控制在一榀拱架间距。

(2)第二步:左侧壁导坑中部开挖及支护

左侧壁导坑上部超前导坑中部 5 ~ 10 m,开挖导坑中部,开挖高度控制为 5 m 左右,开挖后立即进行初期支护、锁脚锚杆、临时支护,并施作第一道临时横撑,临时横撑施作长度滞后导坑中部 20 m 左右,以便导坑上(中)部机械作业。在初支墙脚处的每榀钢架两侧各加设 2 根锁脚锚杆。循环进尺控制在两榀拱架间距。

(3)第三步:左侧壁导坑下部开挖及支护

左侧壁导坑中部超前导坑下部 5 ~ 10 m,开挖导坑下部,开挖后立即进行初期支护、锁脚锚杆、临时支护,在初支墙脚处的每榀钢架两侧各加设 2 根锁脚锚杆。隧道岩层倾角较平缓,侧向应力小,若围岩条件好(Ⅳ级围岩及更高等级围岩),且监测数据稳定,未达到设计要求的预警值,可以适当取消第二道临时横撑的设置。若围岩情况及监测数据不允许取消横向临时支撑时,考虑导坑中部开挖时大型机械作业,第二道临时横撑在导坑下部开挖支护完成后再及时进行施作。

(4)第四步:核心土上部开挖及临时竖向钢支撑的制作与安装

右侧壁导坑上部开挖完成后进行核心土上部土体开挖及临时竖向钢支撑施工。具体步骤如下:

利用右上导坑开挖台架由侧面施工上部核心土,核心土上部开挖循环进尺不大于一榀拱架间距,开挖高度2.5 m,为开挖及立架喷混作业创造有利的作业条件,开挖完成后立即进行初期支护,使拱部初期支护闭合。

核心土上部开挖并支护后,立即施作加强的竖向临时支撑。竖向加强临时支撑采用 Q235 钢,直径 $\phi = 609$ mm,壁厚 $t = 16$ mm 钢支撑。隧道施工过程中受操作空间的限制,为方便竖向加强临时支撑的安装以及重复利用,采用在加工厂提前预制,然后在现场进行组装的方式。

(5)第五步:右侧壁导坑中、下部开挖及支护

核心土上部开挖并安装完成竖向临时支撑后开挖右侧壁剩余中、下导坑,中、下导坑开挖错开 5~10 m,开挖后立即进行初期支护、锁脚锚杆、临时支护,在初支墙脚处的每榀钢架两侧各加设 2 根锁脚锚杆。隧道岩层倾角较平缓,侧向应力小,结合地质情况及监测数据,适当取消第二道临时横撑的设置。若围岩情况及监测数据不允许取消横向临时支撑,考虑导坑中部开挖时大型机械作业,第二道临时横撑在导坑下部开挖支护完成后再及时进行施作。

(6)第六步:拆除竖向临时支撑并开挖中、下部核心土

待初期支护监测数据稳定后即可拆除竖向临时支撑。当竖向加强临时支撑位置下方的核心土中部土体要解除前,通过释放千斤顶压力的方式,使竖向加强临时支撑不再发挥作用,并拆除竖向加强临时支撑,拆除后的竖向加强临时支撑待下次上部核心土解除后进行重复使用。

(7)第七步:仰拱及二衬施工

核心土中、下部拆除后及时进行仰拱施工,仰拱循环开挖进尺不超过 3 m,每段混凝土浇筑长度 9 m,拱墙衬砌距离核心土上部掌子面距离不大于 40 m。

2.1.3　数值分析模型

采用 FLAC3D 有限差分软件进行分析,隧道模型的尺寸为宽×高×长 = 160 m×

90 m×60 m,其中隧道宽约 25.6 m,高度约 19.4 m,复合式衬砌,断面面积为 421.38 m²,埋深为 12.15 m,围岩Ⅳ级,围岩按各向同性的连续介质考虑,采用德鲁克-普拉格准则(DP 准则)和弹塑性本构关系,DP 准则见式(2.1)—式(2.3)。分析模型研究三台阶法、CRD 法和双侧壁导坑法 3 种工法对围岩稳定性的影响,模型实体单元如图 2.1 所示,模型参数见表 2.1。

$$\sqrt{J_2} - \alpha_r I_1 - k_r = 0 \qquad (2.1)$$

$$I_1 = \sigma_1 + \sigma_2 + \sigma_3 \qquad (2.2)$$

$$J_2 = \frac{1}{6}\left[(\sigma_1 - \sigma_2)^2 + (\sigma_2 - \sigma_3)^2 + (\sigma_3 - \sigma_1)^2\right] \qquad (2.3)$$

式中,σ_1 为最大主应力;σ_2 为中间主应力;σ_3 为最小主应力;α_r、k_r 为岩石介质的材料常数,可以通过实验或黏聚力 c 和内摩擦角 φ 计算得到。

图 2.1　五里店站分析模型

表 2.1　数值模拟模型参数表

材料	重度/(kN·m⁻³)	变形模量 E /GPa	泊松比 μ	黏聚力 c/kPa	内摩擦角 φ/(°)
素填土	20.0	0.011	0.30	20	22
砂质泥岩	25.6	1.278	0.38	477	32
C25 混凝土	22.5	2.800	0.20	11 526	36
C40 混凝土	25.0	3.250	0.20	13 289	40
工字钢	78.5	2.100	0.30	——	——

2.1.4 数值计算结果与分析

1）围岩位移分析

（1）水平位移

围岩的水平位移云图如图 2.2 所示。

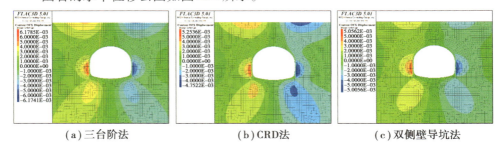

（a）三台阶法 　　　　（b）CRD法 　　　　（c）双侧壁导坑法

图 2.2　水平位移云图

（2）竖向位移

围岩的竖向位移云图如图 2.3 所示。

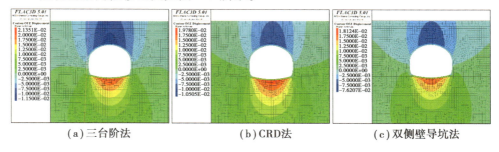

（a）三台阶法 　　　　（b）CRD法 　　　　（c）双侧壁导坑法

图 2.3　竖向位移云图

由位移云图可知,3 种工况条件下围岩的位移分布规律基本一致,水平位移主要集中在边墙位置,竖向位移主要是拱顶的竖向位移以及仰拱的隆起。

对于边墙水平位移,数值上表现为三台阶法（6.17 mm）>CRD 法（5.00 mm）>双侧壁导坑法（4.75 mm）;

对于拱顶竖向位移,数值上表现为三台阶法（-11.60 mm）>CRD 法（-10.60 mm）>双侧壁导坑法（-7.62 mm）;

对于仰拱隆起,数值上表现为三台阶法（21.35 mm）>CRD 法（19.78 mm）>双侧壁导坑法（18.12 mm）;

对比分析可以看出,三台阶法、CRD 法和双侧壁导坑法引起的围岩变形逐渐减少,双侧壁导坑法对于围岩变形的控制效果最优。将边墙水平位移、拱顶沉降和仰拱隆起收敛极值见表 2.2。

表 2.2　最大位移表

监测点	不同施工工法监测点最大位移/mm		
	三台阶法	CRD 法	双侧壁导坑法
边墙水平位移	6.17	5.00	4.75
拱顶竖向位移	−11.60	−10.60	−7.62
仰拱隆起	21.35	19.78	18.12

2）地表沉降分析

选取 20 m 断面作为地表沉降的监测断面，3 种工法条件下地表沉降曲线图如图 2.4 所示。

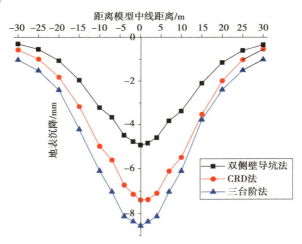

图 2.4　地表沉降曲线图

由地表沉降关系曲线图可知：

①在 3 种工法条件下，地表沉降分布规律基本一致，呈现左右对称分布，沉降值由隧道中心线向两侧逐渐减小并趋于稳定。

②地表沉降的最大值均出现在隧道中心线位置，数值上表现为三台阶法（−8.65 mm）>CRD 法（−7.40 mm）>双侧壁导坑法（−4.93 mm），可以看出采用双侧壁导坑法对于地表沉降的控制效果最优。

③本次数值模拟工况隧道埋深较浅，约 12 m，因此对于地表沉降影响较明显，形成了明显的沉降槽，沉降槽的宽度约为 40 m。

3）衬砌受力分析

取 10 m 断面附近喷射混凝土的最大主应力进行分析,喷射混凝土最大主应力云图如图 2.5 所示。从最大主应力云图可知:

①喷射混凝土最大主应力均为正值,表现为拉应力,呈现左右对称分布,其中拱顶和仰拱处由于变形量相对较大,因此这两点最大主应力值相对较大。

②从拱顶到墙脚喷射混凝土呈先减少后增加的趋势。

③在 3 种工法条件下,三台阶法拱顶的最大主应力为 4.37 MPa,仰拱的最大主应力为 5.56 MPa;CRD 法拱顶的最大主应力为 3.59 MPa,仰拱的最大主应力为 4.70 MPa;双侧壁导坑法拱顶的最大主应力为 1.91 MPa,仰拱的最大主应力为 3.27 MPa。

④双侧壁导坑法喷射混凝土最大主应力相对最小,更有利于结构的稳定性。

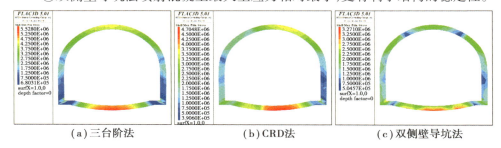

（a）三台阶法　　　　　　（b）CRD法　　　　　　（c）双侧壁导坑法

图 2.5　喷射混凝土最大主应力云图

取 10 m 断面附近二衬的最大主应力进行分析,二衬最大主应力云图如图 2.6 所示。

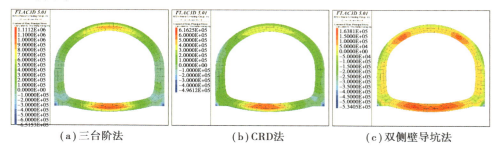

（a）三台阶法　　　　　　（b）CRD法　　　　　　（c）双侧壁导坑法

图 2.6　二衬最大主应力云图

由二衬最大主应力云图可知:

①二衬的最大主应力在仰拱和拱顶处表现为拉应力,其他位置主要为压应力,主要是拱顶的竖向变形和仰拱的隆起较大造成的。

②三台阶法仰拱的最大主应力为 1.11 MPa,拱顶的最大主应力为 0.86 MPa;

CRD 法仰拱的最大主应力为 0.62 MPa,拱顶的最大主应力为 0.35 MPa;双侧壁导坑法仰拱的最大主应力为 0.16 MPa,拱顶的最大主应力为 0.15 MPa。

③双侧壁导坑法二衬的最大主应力相对最小,各点处的受力值均较小,二衬主要是作为安全储备。

2.2 超大断面车站应力分析与位移变化特征

重庆轨道交通 9 号线高滩岩及天梨路站均为地下两层拱形暗挖岛式车站,隧道为直墙圆拱暗挖隧道断面,采用复合式衬砌结构。车站断面面积 395.46 m², 埋深 19.8～28.6 m,地铁大断面隧道埋深 22.6 m,隧道跨度 15.4 m,围岩等级为 V 级,粉土黏土覆盖较厚,泥岩、砂岩分布广泛,岩层节理发育,结构面较多,从地表到基岩依次为人工填土层、粉质黏土、卵石、角砾、粉质黏土、角砾、强风化泥岩、中风化泥岩、强风化砂岩、中风化砂岩。隧道采用带有中隔墙的双侧壁导洞法施工,开挖和拆撑的施工步骤,大体上开挖阶段按照左上、左下、右上、右下、核心土上、核心土下的开挖步骤依次开挖支护,确保每次开挖都及时用初支封闭成环,而拆撑阶段先拆除中隔墙两边的型钢,再依次拆除左边和右边的型钢和侧壁,最后保留中隔墙和外围衬砌作为永久支护。

2.2.1 高滩岩站地质条件

1)地形地貌与地层岩性

高滩岩站位于沙坪坝区都市花园西路西南医院旁沿线,为构造剥蚀丘陵地貌。地形经人工改造较为平缓,局部存在陡坎,海拔高程 276.5～297.5 m,相对高约 21 m。通过对场地的地面地质调绘,结合工程地质钻探并综合分析已有区域地质成果,沿线出露的地层主要有第四系全新统人工填土层(Q_4^{ml}),下伏基岩为侏罗系中统沙溪庙组(J_2s)岩层。各地层岩性特征依新老顺序简述如下。

(1)第四系覆盖层

①第四系全新统人工填土(Q_4^{ml})。

拟建场地位于城市中心区,人类活动剧烈,场地内表层土体均为人工填土,人工填土基本上以杂填土为主。杂填土多为紫褐色,以黏性土夹砂岩、泥岩碎(块)石为主局部含有少量建筑垃圾及生活垃圾,块石含量 20%～40%,粒径 200～1 000 mm,局部可达 1 000 mm 以上,碎石含量 10%～30%,块、碎石含量比例与深度、部位等无联系呈随机分布状,土中砂岩块碎石含量少于泥岩块碎石,结构一般为松散—中密,一般厚 0.3~12.9 m,稍湿,堆填时间大于 15 年。

②残坡积层(Q_4^{el+dl})。

粉质黏土:褐色,可塑,稍有光滑,摇震反应无,干强度中等,残坡积成因。厚度 0~3 m,该层主要分布于回填区原始地貌为沟谷的地段及部分斜坡地带。根据前期初步勘察成果,场地的粉质黏土对钢结构、混凝土结构、钢筋混凝土结构中钢筋具有微腐蚀性。

(2)侏罗系中统沙溪庙组(J_2s)

该地层为一套强氧化环境下的河湖相碎屑岩建造,由砂岩-泥岩不等厚的正向沉积韵律层组成。

①砂岩:灰色—紫灰色,细~中粒结构,厚层状构造;主要矿物成分为石英、长石,含少量云母及黏土矿物,多为钙质胶结,局部为泥质胶结,岩质硬,岩体完整性好,岩体基本质量等级为Ⅲ~Ⅳ级。

②砂质泥岩:以紫红色为主,主要矿物成分为黏土矿物,粉砂泥质结构,中厚层状构造,中等风化岩体裂隙不发育,岩体较完整,岩质较硬。岩体基本质量等级为Ⅳ~Ⅴ级。

沿线基岩强风化带厚度一般为 0.5~1.2 m,局部可达 1.6 m 以上。基岩强风化带岩体破碎,风化裂隙发育,岩质软,岩体基本质量等级为Ⅴ级。

2)地质构造

勘察范围位于观音峡背斜东翼,岩层呈单斜状构造,无区域性断层通过,构造地质条件简单,如图 2.7 所示,岩层倾向 80°~98°,倾角 6°~11°,优势产状为 90°∠6°,岩体层面结合很差局部可见泥化夹层。根据场地周围出露岩石露头的地面调查,场地内岩体发育构造裂隙如下:

J1:倾向 263°~278°,倾角 69°~72°,优势产状为 275°∠71°,延伸 5~10 m,微张 1~3 mm,平直,间距 1.0~2.0 m,偶见钙质充填,结合差,属硬性结构面。

J2:倾向 356°~360°,倾角 68°~73°,优势产状为 357°∠68°,延伸 1~5 m,一般闭合~微张,舒缓波状,局部有倒转反向现象,间距 5~8 m,偶见泥质充填,结合差,属硬性结构面。

3)水文地质条件

拟建场地位于构造剥蚀丘陵区,地表为城市中心区,第四系覆盖层一般厚度较小;基岩主要为泥岩和砂岩互层陆相碎屑岩,含水微弱。地下水的富水性受地形地貌、岩性及裂隙发育程度控制,主要为大气降水及城市地下排水、给水管线渗漏补给。根据沿线地下水的赋存条件、水理性质及水力特征,沿线地下水可划分为第四系松散层孔隙水、碎屑岩类孔隙裂隙水。

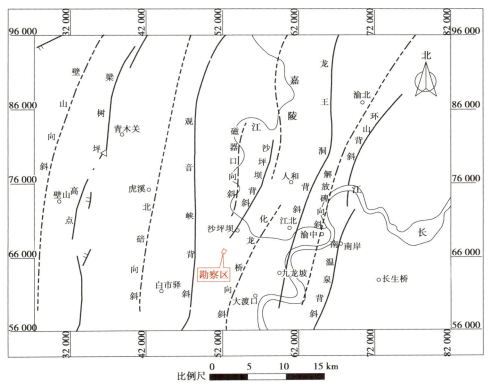

图 2.7 高滩岩车站地质构造图

4)场地重要建(构)筑物

根据调查和资料收集,沿线重要建筑物有:陆军军医大学家属区架空步道,陆军军医大学安居工程 19 栋、16 栋、20 栋、14 栋、25 栋,双拥大道人防工程,都市花园(混凝土 8),都市花园(混凝土 8)178#,都市花园(混凝土 8)132#,蓝堡国际名寓,都市花园(砖 2~5),都市花园(混凝土 8)162#,都市花园(混凝土 8)112#,都市花园(混凝土 8)54#,电力铁塔,都市花园(混凝土 2~混凝土 10)10#,覃家岗小学,燕渝苑(混凝土 11)(混凝土 3)(混凝土 4)(混凝土 2~混凝土 10),都市花园 B 区 3 号楼,华宇都市家园,都市花园西路 123#,陆军军医大学家属区西侧陡崖。

2.2.2 施工工法

高滩岩车站所应用的特大断面暗挖隧道高大核心土施工工法在较为完整的

Ⅲ、Ⅳ级围岩特大断面暗挖隧道双侧壁导坑法施工中具有普遍的适用性。

1)工艺原理及工艺流程

优化原双侧壁弧形核心土临时支撑设计,改为直墙型核心土支撑,缩小核心土宽度,扩大上台阶核心土拱脚平台支撑,采用上小下大阶梯形布置,确保岩体稳定。在确保安全稳定的前提下,提前解除核心土,并降低一次拆除核心土开挖高度。优化中下部核心土支护方式,将临时钢支撑改为喷锚支护,施工快捷高效,如图2.8—图2.10所示。

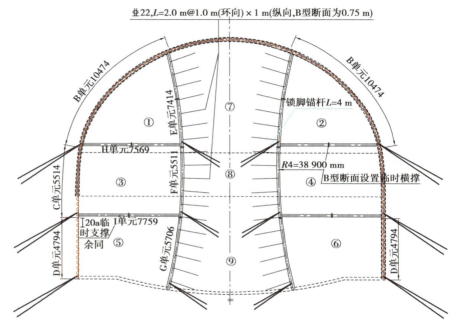

图2.8 传统双侧壁导坑法施工步序

2)工艺要点

(1)上台阶弧形改直墙拱架,中下台阶改锚喷支护

开挖上台阶左右导坑时,上台阶左右导坑开挖步距前后错开15 m,并将临时支撑调整为直墙支护,临时支撑采用Ⅰ20a工字钢支护,φ8 mm单层钢筋网支护,喷射200 mm厚C25混凝土,L=2 m砂浆锚杆间距1 m×1 m。

(2)上部核心土拆除

左右上导洞开挖一定距离后,利用右侧上导坑横向开挖上部核心土形成2 m高、5.6 m宽作业平台,然后利用右侧台架及作业平台往隧道开挖方向继续拆除核心土,一次拆除长度为2 m,并及时将拱部初支封闭成环。

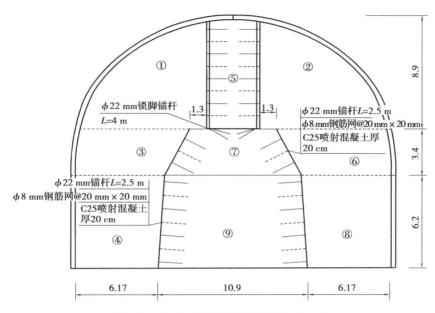

图 2.9　改良后双侧壁导坑法施工步序

①—上台阶左侧导坑；②—上台阶右侧导坑；③—中台阶左侧导坑；

④—中台阶右侧导坑；⑤—下台阶左侧导坑；⑥—下台阶右侧导坑；

⑦—核心土上台阶；⑧—核心土中台阶；⑨—核心土下台阶

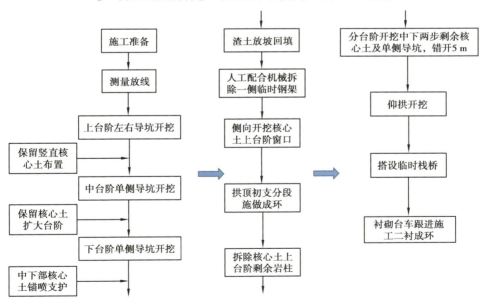

图 2.10　工艺流程

（3）中下台阶分台阶同步开挖

中下台阶错开 5 m 进行开挖，及时施作车站主体初支，仰拱紧跟下台阶开挖面，及时施作仰拱及衬砌，缩短安全步距。

（4）加强拱顶监控量测

拱顶下沉监测，拱顶位置设 3 个下沉量测锚桩，各测点尽可能靠近掌子面埋设，一般为 0.5~2 m。初读数在开挖后 12 h 内读取，最迟不超过 24 h，而且在下一循环开挖前，完成初期变形值数据采集。支护应力量测，测点布设在断面的关键部位上（拱顶、拱肩），并对各测点逐一进行编号。每个断面布设 3 个测点，若监测数据超预警，可采用钢立柱对拱顶进行支撑加固。

2.2.3　数值分析模型

根据中隔墙双侧壁导洞开挖工法和施工流程，将隧道开挖视为平面应变问题，按照实际断面尺寸、埋深建立二维有限元模型，隧道模型及网格划分如图 2.11 所示。模型的长度为 77.23 m，宽度为 47.5 m，计算边界的长度取 5 倍洞径。

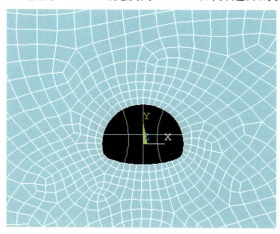

图 2.11　高滩岩站中隔墙双侧壁导洞施工模型及网格

2.2.4　计算结果与分析

1）应力张量不变量表达应力转移

计算得到围岩各关键点在不同开挖步下的应力张量的第一、第二不变量见表 2.3。

表 2.3 不同开挖步下应力张量的第一、第二不变量

名称	应力不变量类型	左导洞上部开挖	左导洞下部开挖	右导洞上部开挖	右导洞下部开挖	核心土上部开挖	核心土下部开挖	中隔墙施工完成	临时支护拆除
拱顶	I_1	1 771	1 847	1 920	1 792	1 389	1 682	2 680	2 841
	I_2	771	807	840	772	200	260	1 780	1 980
左拱腰	I_1	2 178	2 093	2 130	2 012	1 690	2 590	1 975	2 124
	I_2	1 218	892	1 130	1 062	780	1 230	1 095	1 214
左拱脚	I_1	1 795	1 635	1 963	1 892	1 852	2 095	2 480	2 013
	I_2	735	936	1024	960	852	852	1 480	1 089
右拱腰	I_1	1 966	1 452	1 521	1 853	1 652	1 960	1 850	2 486
	I_2	916	864	964	853	802	860	960	1 986
右拱脚	I_1	1 961	1 326	1 453	1 892	1 852	2 094	2 308	1 853
	I_2	951	893	1 020	960	853	869	1 568	1 053
拱底	I_1	1 968	1 408	1 539	1 672	1 960	1 859	2 346	2 310
	I_2	914	852	852	982	820	765	1 648	1 510

注:第一不变量 I_1 的单位为 kPa,第二不变量 I_2 的单位为 $(kPa)^2$。

结合围岩在开挖前的原岩应力,经计算得到围岩各关键点在不同施工阶段的应力不变量模的转化比率折线如图 2.12 所示。从图 2.12 中可知,左上导洞开挖支护后,围岩所有关键点的应力转移至支护部分,其余导洞的开挖,围岩部分关键点的应力既向支护结构转移,又向其他关键点处转移。图 2.12 中大部分开挖步的关键点应力模长转化比为正数,既说明了隧道在施加支护后,围岩仍有向隧道内的变形,又证明了围岩大部分关键点应力向支护结构转移,小部分实现关键点应力的相互转移。拱顶自右上导洞开挖后,其综合应力一直较大,临时支护拆除后,其综合应力进一步增大了 20%。核心土上部开挖后,该点综合应力大幅度减小,间接说明了此时拱底产生了一定的变形。

2)虚应变能表达应力转移过程

变形体加固前后的能量转移比率为外力在原结构上的外力虚功与变形体的虚应变能之比。隧道初衬周边,围岩应力较大且随施工步推进变化较为明显的点是拱顶、左拱腰、左拱脚、右拱腰、右拱脚、拱底处。如图 2.13 所示,以这些关键点沿隧道中心向外围辐射一定区域,每个关键点在各自区域边线的中点处,则隧道外围岩被分割成 6 个区域,从拱顶区域沿逆时针方向依次编号为①~⑥。

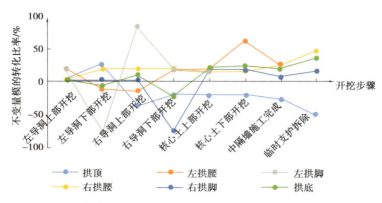

图 2.12 应力不变量模的转化比率随施工段推进的变化图

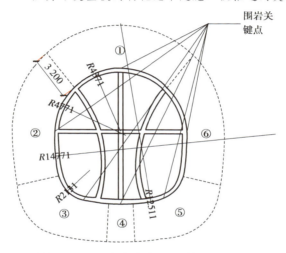

图 2.13 围岩虚应变能计算区域划分

施工过程分为左上导洞开挖、左下导洞开挖、右上导洞开挖、右下导洞开挖、核心土上部开挖、核心土下部开挖、施作中隔墙、中型钢拆除、左型钢拆除、右型钢拆除 10 个施工段,把各个施工段衬砌与围岩相互作用下围岩的能量转移比率依次设为 $Q_1 \sim Q_{10}$,各施工段围岩在衬砌约束下的虚应变能依次设为 $W_1 \sim W_{10}$,数值分析得到各施工段的围岩受支护约束的虚应变能见表 2.4。围岩的虚应变能在各施工段的变化幅度不大,对表 2.4 继续计算,得到下一施工段相对于前一施工段围岩的能量转移比率的影响系数见表 2.5。表 2.5 中的数据小于 100%,其含义是下一施工段完成后的围岩能量转移比率小于前一施工段,因而围岩总虚应变能反而增加。表 2.5 中数据大于 100%,含义则相反。在 $\eta_1 \sim \eta_5$ 阶段,表中数据低于 100%,在 η_6 之后,大于 100%,η_7、η_8、η_9 的数据仅比 100% 多了不到 10%,说明临时支护的拆除对隧道整体支护而言,其削弱承载能力的效果影响很小且拆除左右侧壁和中型钢是安全可靠的。

表 2.4 各施工段围岩受支护约束的虚应变能

W_1/kJ	W_2/kJ	W_3/kJ	W_4/kJ	W_5/kJ	W_6/kJ	W_7/kJ	W_8/kJ	W_9/kJ	W_{10}/kJ
95.87	114.68	132.54	152.31	190.4	211.44	207.31	204.39	193.56	182.34

表 2.5 相邻两施工段围岩的能量转移比率的影响系数

η_1	η_2	η_3	η_4	η_5	η_6	η_7	η_8	η_9
83.6%	86.5%	87.0%	80.0%	90.0%	102.0%	101.4%	105.6%	106.2%

3）带有中隔墙的双侧壁导洞位移变化过程

左导洞上部开挖后、右导洞下部开挖后和核心土下部开挖后 3 个阶段模型的位移云图如图 2.14—图 2.16 及表 2.6 所示。

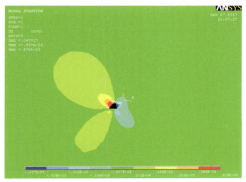

（a）X 方向位移

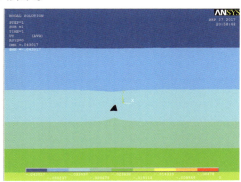

（b）Y 方向位移

图 2.14 左导洞上部开挖后模型位移云图

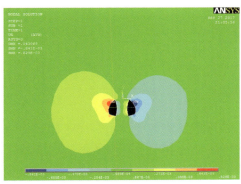

（a）X 方向位移

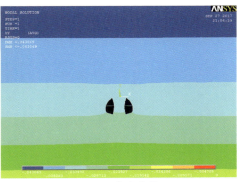

（b）Y 方向位移

图 2.15 右导洞下部开挖后模型位移云图

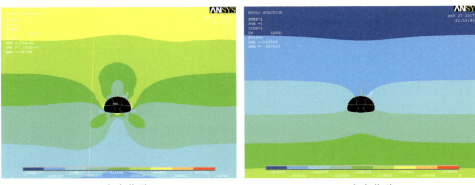

(a) X方向位移　　　　　　　　(b) Y方向位移

图 2.16　核心土下部开挖后模型云图

表 2.6　双侧壁导洞法各施工部特征关键点位移值(单位:cm)

名称	位移方向	自重应力阶段	左导洞上部开挖	左导洞下部开挖	右导洞上部开挖	右导洞下部开挖	核心土上部开挖	核心土下部开挖	中隔墙施工完成	临时支护拆除
拱顶	X	0	−1.5	−1.2	0.1	0.2	0.1	0.1	0.1	0.1
	Y	1.43	1.45	1.45	1.45	1.44	1.54	1.55	1.54	1.56
左拱腰	X	0	0.2	−0.3	0.7	1.4	0.7	1.2	1.2	1.2
	Y	1.41	1.42	1.43	1.43	1.44	1.50	1.52	1.51	1.52
左拱脚	X	0	1.9	3.1	3.5	3.8	1.4	0.7	0.3	0.4
	Y	1.33	1.30	1.30	1.30	1.30	1.31	1.31	1.31	1.32
右拱腰	X	0	−1.4	−2.2	2.4	−1	−0.5	−1.1	−1	−1.1
	Y	1.41	1.42	1.42	1.43	1.44	1.50	1.52	1.51	1.52
右拱脚	X	0	−0.7	−1.4	−3.4	−4.1	−1.5	−0.7	−0.4	−0.5
	Y	1.30	1.33	1.33	1.29	1.30	1.31	1.31	1.30	1.31
拱底	X	0	−1.3	−1.8	−0.1	−0.1	−0.1	−0.1	−0.1	−0.1
	Y	1.31	1.30	1.31	1.32	1.31	1.15	1.08	1.06	1.07

采用应力张量不变量转化比率和变形体虚应变能的能量转移比率来表达隧道围岩应力转移的真实情况,将其普适性转移理论应用于某软弱围岩大断面采用带有中隔墙的双侧壁导洞法隧道中,得到如下结论:

①左上导洞开挖后,隧道各关键点处围岩的部分综合应力向支护结构或关键点间相互转移;左、右下导洞的开挖分别使对应的左、右拱脚处的综合应力增

大;从左下导洞到右上导洞的施工过程中,拱顶的大部分综合应力转移至左拱脚处,右下导洞到核心土上部的施工,拱脚的综合应力一部分转移至拱顶处。

②右上导洞的开挖使右拱腰拱脚处产生严重错位,拱脚收敛,拱腰外移,错位达 6.5 cm,右下导洞开挖是左右拱脚距初始设计位置偏移最大的施工段,施工时应特别注意左右拱脚处的施工质量。

③以中隔墙施作完成为界,围岩的虚应变能在整个施工段上呈现先增加后减小的趋势,围岩应变能随着洞室数量的增加而增加,支护结构抵抗围岩变形的作用对应变能增加的趋势有所削弱,但效果不显著。中型钢拆除后,围岩的虚应变能开始减小,中型钢和左、右侧临时支护的拆除削弱了隧道初衬的支护能力,削弱比分别为 1.4%、5.6% 和 6.2%。

2.3 地铁车站施工对建筑物稳定性的影响

2.3.1 地铁车站施工穿越装配式建筑物的稳定性分析

1)分析模型的建立

选取重庆轨道交通 9 号线线路穿越某办公楼为研究对象,应用 Midas GEN 软件建立装配式混凝土建筑结构模型,建筑结构长度为 30 m,宽度为 21.4 m,结构共 8 层,第一层层高为 4.5 m,第二至八层层高为 3.6 m,选用 300 mm×500 mm 作为梁的尺寸,600 mm×600 mm 作为柱子的尺寸,板厚为 120 mm,梁、板与柱分别采用 C30、C30 和 C40 混凝土,弹性模量 E_c 分别为 29 700 MPa、32 600 MPa,办公室的楼面活荷载为 2.5 kN/m²,柱端施加固定约束,梁柱节点采用刚接点,如图 2.17、图 2.18 所示。

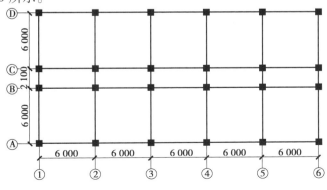

图 2.17 建筑物平面示意图

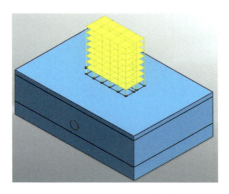

图 2.18　柱底角点印刻图

2）隧道施工过程对装配式建筑结构的变形分析

（1）隧道施工对装配式建筑结构的横向倾斜分析

图 2.18 模型中隧道下穿装配式建筑结构，在分析变形时只需选取图 2.17 中轴①~④与轴 A~D 围成的结构，如图 2.19 所示。

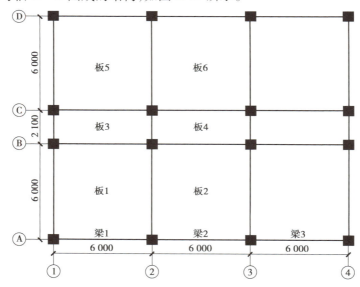

图 2.19　建筑物平面分析图

横向倾斜率是指隧道横断面方向上两柱的沉降差与两柱水平距离之间的比值，隧道施工对装配式建筑结构的横向倾斜曲线如图 2.20 所示。由图 2.20 可知，隧道施工过程中，建筑物横向倾斜率从 0 开始缓慢增长，然后继续增加，当隧道施工通过断面时，变形速度减缓，最后趋于稳定。

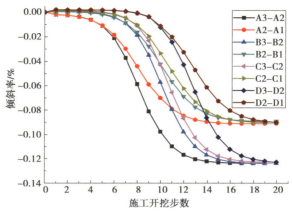

图 2.20　建筑物横向倾斜曲线

（2）隧道施工对装配式建筑结构纵向倾斜分析

纵向倾斜率是指隧道前进方向两柱间沉降差与两柱水平距离之间的比值，隧道施工对装配式建筑结构纵向倾斜曲线如图 2.21 所示。从图 2.21 中可知，建筑结构纵向倾斜率曲线以隧道施工至断面的施工步数为轴线呈对称分布，并在轴线处倾斜率达到最大值，最大倾斜率为 0.095%；通过分析建筑结构纵向与横向倾斜率随隧道施工过程中的变化，对比可知：建筑结构纵向最大倾斜率比横向最大倾斜率小，两者的差值为 0.029%，在盾构施工过程中，建筑结构下沉值在施工允许范围之内，对建筑结构倾斜变形的影响很小。

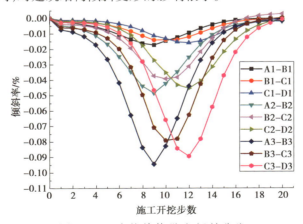

图 2.21　建筑结构纵向倾斜曲线

（3）隧道施工对装配式建筑结构底板扭曲变形分析

建筑结构底板扭曲变形分析如图 2.22 所示，扭曲变形的大小可以采用式（2.4）表示，计算可得隧道施工对装配式建筑结构底板扭曲变形，如图 2.23、表 2.7 所示。

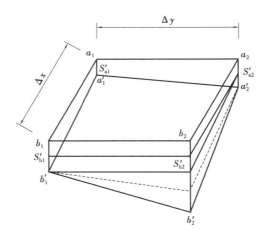

图 2.22　建筑结构底板扭曲变形分析

$$T_w = \frac{\Delta\theta}{\Delta x} = \frac{(S_{b2} - S_{b1}) - (S_{a2} - S_{a1})}{\Delta x \Delta y} \tag{2.4}$$

式中，S_{a1}、S_{a2}、S_{b1}、S_{b2} 分别为角点底板四角 a_1、a_2、b_1、b_2 产生的竖向位移。

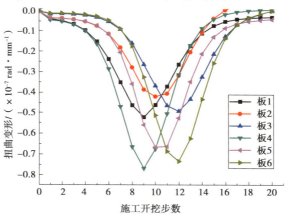

图 2.23　底板扭曲变形分析

表 2.7　最大位置处板扭曲变形值

板编号	测点	沉降差值/mm	扭曲变形/($\times 10^{-7}$ rad·mm^{-1})	板编号	测点	沉降差值/mm	扭曲变形/($\times 10^{-7}$ rad·mm^{-1})
板1	A2-A1	3.534	0.522	板2	B2-B1	2.530	0.420
	B2-B1	1.653			C2-C1	1.998	
	A1-B1	1.025			B1-C1	0.290	
	A2-B2	2.906			B2-C2	0.822	

续表

板编号	测点	沉降差值/mm	扭曲变形/($\times 10^{-7}$rad·mm^{-1})	板编号	测点	沉降差值/mm	扭曲变形/($\times 10^{-7}$rad·mm^{-1})
板3	C2-C1	3.724	0.493	板5	B3-B2	3.437	0.680
	D2-D1	1.947			C3-C2	2.578	
	C1-D1	0.942			B2-C2	0.822	
	C2-D2	2.719			B3-C3	1.664	
板4	A3-A2	4.859	0.769	板6	C3-C2	5.209	0.740
	B3-B2	2.090			D3-D2	2.56	
	A2-B2	2.906			C2-D2	2.719	
	A3-B3	5.675			C3-D3	5.369	

由上可知,装配式建筑物的扭曲变形曲线也呈对称分布,纵向扭曲变形与横向扭曲变形的计算结果相同;沿盾构掘进方向,距隧道中心线距离相同,面积相同的板,施工先经过断面的底板扭曲变形值要大于后经过断面的底板扭曲变形值,且面积大的板扭曲变形值大于面积小的板扭曲变形值。

3)装配式建筑结构随隧道施工内力分析

(1)装配式建筑结构随隧道施工弯矩的影响分析

图 2.24、图 2.25 为地铁隧道施工前后建筑结构的弯矩图,从图中可知,隧道施工前后建筑结构的最大弯矩值分别为 103.5 kN·m、139.5 kN·m,结构每一

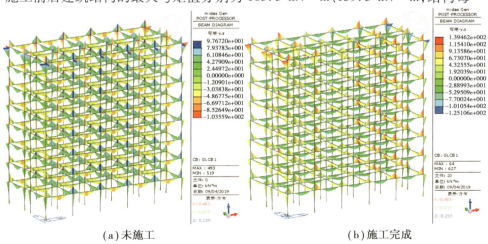

(a)未施工   (b)施工完成

图 2.24 隧道施工建筑物弯矩图

层弯矩的最大值在梁端。选取底层梁弯矩、顶层柱及底层柱的弯矩对施工过程对装配式建筑结构造成的影响进行分析。

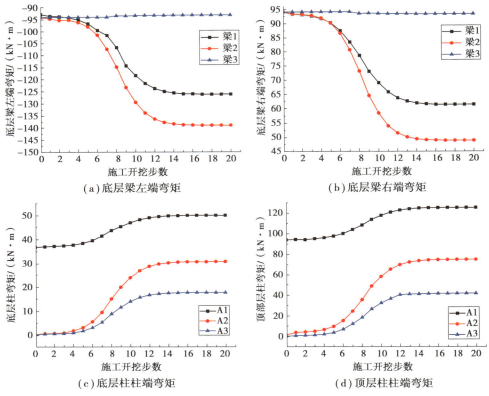

（a）底层梁左端弯矩　　　　　（b）底层梁右端弯矩

（c）底层柱柱端弯矩　　　　　（d）顶层柱柱端弯矩

图 2.25　建筑物结构构件弯矩图

（2）装配式建筑结构随隧道施工剪力的影响分析

隧道未施工与施工完成后建筑结构剪力如图 2.26 所示，隧道施工过程中建筑结构构件剪力如图 2.27 所示。

（3）装配式建筑结构随隧道施工轴力的影响分析

隧道未施工与施工完成后建筑结构轴力如图 2.28 所示，隧道施工过程中建筑结构底层柱轴力如图 2.29 所示。

综上所述，本书利用 Midas 软件对地铁隧道施工过程中装配式混凝土结构的内力变化和变形规律进行了数值模拟分析，结论如下：

①隧道施工过程中，建筑物横向倾斜率从 0 开始缓慢增长，然后继续增加，当隧道施工通过断面时，变形速度减缓，最后趋于稳定；靠近隧道中心线的结构断面最终倾斜率为 0.12%，远离隧道中心线的结构断面最终倾斜率为 0.09%；建筑物纵向倾斜率曲线以隧道施工至断面的施工步数为轴线呈对称分布，并在轴

线处倾斜率达到最大值,最大倾斜率为 0.095% ;建筑物的纵向倾斜率小于横向倾斜率,且两者相差 0.029% 。

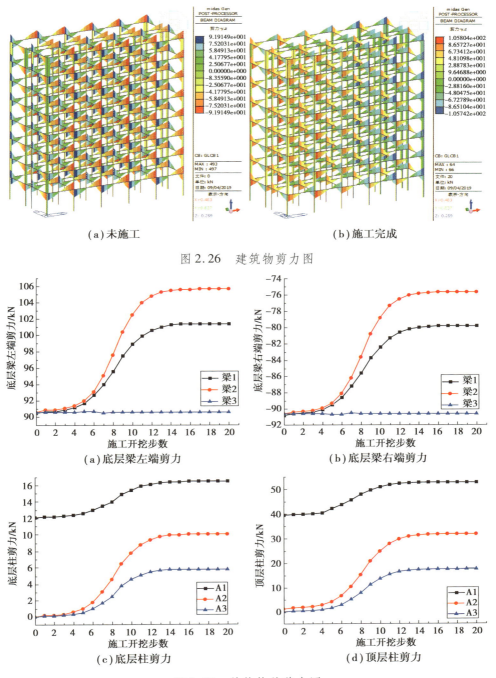

（a）未施工　　　　　　　　　　　　　　（b）施工完成

图 2.26　建筑物剪力图

（a）底层梁左端剪力　　　　　　　　　　　（b）底层梁右端剪力

（c）底层柱剪力　　　　　　　　　　　　（d）顶层柱剪力

图 2.27　结构构件剪力图

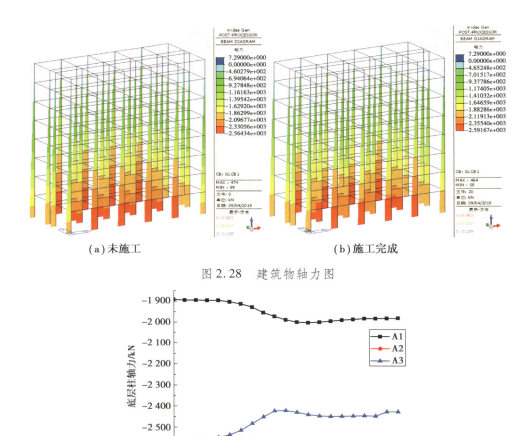

（a）未施工　　　　　　　　　　　（b）施工完成

图 2.28　建筑物轴力图

图 2.29　底层柱轴力图

②装配式建筑物的扭曲变形曲线也呈对称分布，纵向扭曲变形与横向扭曲变形的计算结果相同；沿盾构掘进方向，距隧道中心线距离相同，面积相同的板，施工先经过断面的底板扭曲变形值要大于后经过断面的底板扭曲变形值，且面积大的板扭曲变形值大于面积小的板扭曲变形值。

③建筑结构中每层梁的内力值相差很小，距离隧道中心线较近梁弯矩变化明显，同一断面越靠近隧道中心线的柱弯矩越小；当隧道断面通过建筑结构后，后续施工将不再对弯矩产生明显影响，施工过程与发生沉降的柱相连的梁端弯矩、剪力不断减小，而梁另一端的弯矩、剪力不断增加，虽然构件的剪切变形相较初始状态差异不大，但应加强节点防护。

2.3.2 地铁车站穿越建筑物安全风险模糊评价

应用模糊层次分析方法,分析隧道开挖对建筑物安全的影响,建立多因素控制的风险评估体系,应用于实际工程,验证评估模型的实用性。

1)建筑物损伤风险等级评估

(1)确定建筑物损伤风险因素集合

通过综合分析,隧道开挖对建筑物安全风险考虑如下:

①城市地下地铁多为浅埋暗挖隧道,上覆土层较浅,将开挖地层条件近似看作单一地层;

②地铁车站与隧道与建筑物相对位置关系作为独立因素考虑;

③隧道开挖速度对建筑物安全风险的影响。

地铁车站与隧道开挖对地表建筑物损伤风险评价指标体系见表2.8。

表2.8 地表建筑物损伤风险指标体系

目标层 A	准则层 B	指标层 C
地铁车站分步开挖诱发邻近地表建筑物损伤风险评价指标(A)	地表沉降 B1	车站埋深 C11
		车站开挖速度 C12
	地表建筑物抗变形能力 B2	建筑物长宽比 C21
	地表建筑物与车站和隧道位置关系 B3	建筑物与车站开挖轴线距离 C31
		建筑物与车站开挖轴线角度 C32
		建筑物与车站开挖掌子面距离 C33

根据地表建筑物损伤风险指标体系,在浅埋暗挖地铁车站分步开挖条件下,确定地表建筑物损伤风险因素集合:

$$V = \{v_1, v_2, v_3\} = \begin{cases} 地表沉降; \\ 地表建筑物抗变形能力; \\ 地表建筑物与车站位置关系 \end{cases}$$

$$v_1 = \{v_{11}, v_{12}\} = \begin{cases} 车站埋深; \\ 车站开挖速度 \end{cases}$$

$$v_2 = \{v_{21}\} = \{地表建筑物长宽比\}$$

$$v_3 = \{v_{31}, v_{32}\} = \begin{cases} 建筑物与车站开挖轴线距离; \\ 建筑物与车站掌子面距离; \\ 建筑物与车站开挖轴线角度 \end{cases}$$

根据室内模型试验中测得的建筑物损伤风险因素对于建筑物损伤的影响进行风险因素等级划分,同时参照实际城市地下工程中案例,对其余风险因素进行风险等级划分。地表建筑物损伤风险因素等级划分见表2.9。

表2.9　地表建筑物损伤风险因素等级划分

水文条件 / 地下水	地下水匮乏	地下水较发育	地下水发育	地下水丰富,少量涌水	地下水丰富,大量涌水
车站开挖速度	$2D/$步	$D \sim 2D/$步	$<D/$步	$2D \sim 3D/$步	$>3D/$步
车站埋深	$>3.5D$	$2.5D \sim 3.5D$	$2D \sim 2.5D$	$1.4D \sim 2D$	$0 \sim 1.4D$
建筑物几何尺寸	1	$1 \sim 1.25$	$1.25 \sim 1.5$	$1.5 \sim 2$	>2
建筑物与车站角度	$0° \sim 30°$	$30° \sim 45°$	$45° \sim 60°$	$60° \sim 80°$	$80° \sim 90°$
建筑物与车站掌子面距离	$5D \leqslant |S|$	$3D \leqslant S<5D$ 或 $-5D<S \leqslant -3D$	$2D \leqslant S<3D$ 或 $-3D<S \leqslant -2D$	$D \leqslant S<2D$ 或 $-2D<S \leqslant -D$	$|S|<D$
建筑物与车站距离	$>5D$	$4D \sim 5D$	$2.5D \sim 4D$	$2.5D \sim D$	$<D$
建筑物损伤现状	年代很近,承重和非承重结构平直牢固无倾斜变形、裂缝、松动现象	年代较近,承重和非承重结构有少量细裂缝和损伤现象,主结构基本牢固	年代近,承重和非承重结构局部产生细裂缝和较多损伤现象,主结构强度有所减小	年代较远,承重和非承重结构局部产生明显损伤现象,主结构强度不足	年代久远,承重和非承重结构局部产生重度损伤现象,已不能正常使用,建筑物安全不能保障

　　根据损伤发生可能性程度将风险概率分为5级,见表2.10。

表2.10　风险概率等级

概率范围	中心值	等级描述	概率等级
>0.3	1	很可能	5
$0.03 \sim 0.3$	0.1	可能	4
$0.003 \sim 0.03$	0.01	偶然	3
$0.000\ 3 \sim 0.003$	0.001	不可能	2
$<0.000\ 3$	0.000 1	很不可能	1

（2）构建风险指标权重集

利用层次分析法（AHP 法）确定地表建筑物损伤风险评价指标权重。

①根据地铁车站分步开挖条件，建筑物风险评价的指标体系，构造准则层 B 对目标层 A 的判断矩阵，见表 2.11。计算得到特征向量 $W = [1.23, 0.315, 0.274]^T$，和最大特征值 λ_{max}，经验证满足一致性要求。

表 2.11 准则层 B 对目标层 A 的判断矩阵

A	B1	B2	B3
B1	1	2	1/3
B2	1/2	1	1/5
B3	3	5	1

②构造指标层 C 对准则层 B 的判断矩阵：A1、A2 和 A3，矩阵见表 2.12— 2.14。计算得出特征向量 $W_1 = [0.89, 0.45]^T$，λ_{max}，经验证满足一致性要求。

表 2.12 指标层 C1j 对准则层 B1 的判断矩阵

A1	C11	C12
C11	1	2
C12	1/2	1

表 2.13 指标层 C2j 对准则层 B2 的判断矩阵

A2	C21
C21	1

计算得出特征向量 $W_2 = [1]$，λ_{max}，经验证满足一致性要求。

表 2.14 指标层 C3j 对准则层 B3 的判断矩阵

A3	C31	C32	C33
C31	1	3	3
C32	1/3	1	2
C33	1/3	1/2	1

计算得出特征向量 $\boldsymbol{W}_3=[0.90,0.38,0.24]^{\mathrm{T}}$，$\lambda_{\max}$，经验证满足一致性要求。

(3)构建评价集

运用模糊语言对浅埋暗挖地铁车站开挖条件下，建筑物损伤发生的可能程度进行分析，构建评价集：

$$P=\{p_1,p_2,p_3,p_4,p_5\}$$

其中，p_1 表示很可能发生，p_2 表示可能发生，p_3 表示偶然发生，p_4 表示不能发生，p_5 表示极不可能发生。

(4)确定隶属度，构建等级评价矩阵

隶属度是模糊数学中的一个重要部分，其客观性决定了评价结果的有效性。基于上述风险因素等级划分结果，风险因素的划分结果主要有两种表示方式，一种是用数量区间表示定量的指标，还有一种是只能用模糊语言表达的定性指标。针对定量的指标隶属度考虑用定性指标函数进行确定，针对定性指标将采用模糊隶属度函数进行确定。

①定量指标隶属度。

根据模糊数学相关理论，可得建筑物损伤风险因素中定量指标的隶属度函数，有很多函数可以作为隶属函数的分布函数，可以根据实际情况选择合适的隶属度函数，本书采用岭型函数作为隶属度函数的分布函数。

岭型分布及其分布函数为：

上限型：

$$\mu(x)=\begin{cases}1 & (x\leqslant a_1)\\ \dfrac{1}{2}-\dfrac{1}{2}\sin\dfrac{\pi}{a_2-a_1}\left(x-\dfrac{a_2+a_1}{2}\right) & (a_1<x\leqslant a_2)\\ 0 & (a_2<x)\end{cases}\tag{2.5}$$

下限型：

$$\mu(x)=\begin{cases}0 & (x\leqslant a_1)\\ \dfrac{1}{2}+\dfrac{1}{2}\sin\dfrac{\pi}{a_2-a_1}\left(x-\dfrac{a_2+a_1}{2}\right) & (a_1<x\leqslant a_2)\\ 1 & (a_2<x)\end{cases}\tag{2.6}$$

中间型：

$$\mu(x) = \begin{cases} 0 & (x \leqslant a_1) \\ \dfrac{1}{2} + \dfrac{1}{2}\sin\dfrac{\pi}{a_2 - a_1}\left(x - \dfrac{a_2 + a_1}{2}\right) & (a_1 < x \leqslant a_2) \\ 1 & (a_2 < x \leqslant a_3) \qquad (2.7) \\ \dfrac{1}{2} - \dfrac{1}{2}\sin\dfrac{\pi}{a_4 - a_3}\left(x - \dfrac{a_4 + a_3}{2}\right) & (a_3 < x \leqslant a_4) \\ 0 & (a_4 < x) \end{cases}$$

②定性指标隶属度。

采用工程中常用的模糊隶属度函数对定性指标进行确定,模糊隶属度函数见表2.15。

表 2.15　模糊隶属度函数

模糊语言变量	评价集						
	1	2	3	4	5	6	7
	隶属度函数						
高、严重	0	0	0.1	0.3	0.7	0.9	1
中等	0	0.2	0.7	1	0.7	0.2	0
低、小	1	0.9	0.7	0.5	0.1	0	0
未知	1	1	1	1	1	1	1
难确定	0	0	0	0	0	0	0
或多或少	0	0	0.3	0.5	0.85	0.95	1
很高、很严重	0	0	0	0.1	0.5	0.8	1
可能	0	0.1	0.5	0.7	0.9	1	1
不大可能	1	1	0.9	0.8	0.5	0	0
大概不会	1	1	0.5	0.3	0.1	0.1	0

2)建筑物风险损伤模糊估计

地铁车站开挖引发的建筑物损伤与建筑物的抗变形能力有关,因此对建筑物风险损伤只考虑建筑物变形能力中的风险因素。

(1)构建建筑物变形能力中的风险因素集

选取建筑物的几何尺寸、损伤现状以及地表建筑物与地铁车站的位置关系作为损伤风险因素建立因素集。

$$V = \{v_1, v_2, v_3, v_4, v_5\} = \begin{cases} \text{地表建筑物的几何尺寸} \\ \text{地表建筑物损伤现状} \\ \text{地表建筑物与地铁车站角度} \\ \text{地表建筑物与地铁车站掌子面距离} \\ \text{地表建筑物与地铁车站距离} \end{cases}$$

（2）构建权重集

采用层次分析法构建造地表建筑物抗变形能力因素对建筑物易损性的判别矩阵，见表 2.16。计算得出特征向量和最大特征值分别为：$W = \{0.16, 0.403, 0.423, 0.65, 0.46\}^T, \lambda_{\max}$，且满足一致性检验。

表 2.16　地表建筑物特性对于建筑物易损性的判断矩阵

A	v_1	v_2	v_3	v_4	v_5
v_1	1	1/3	1/4	1/2	1/3
v_2	3	1	1/2	1	1
v_3	4	2	1	1/3	1/2
v_4	2	1	3	1	2
v_5	3	1	2	1/2	1

（3）构建评价集

地铁车站开挖造成的建筑物破坏程度划分，目前我国还没有形成一个完善的评价体系，在已有的学术研究中，地表变形值（倾斜、曲率半径、水平变形等）总变形指标都有作为评价建筑物损伤的评价标准。根据在地铁车站开挖条件下诱发地表建筑物损伤产生的损伤极限应变对建筑物的损伤程度进行判别，将城市地下地铁车站开挖诱发地表建筑物损伤分为 5 级，具体见表 2.17。

表 2.17　地表建筑物损伤等级与极限拉应变对应关系

损伤等级	损伤严重性描述	极限拉应变	建筑物破坏现象描述
1	轻微的	0 ~ 0.05	建筑物没有变化，墙体有细微裂纹
2	较大的	0.05 ~ 0.075	墙身出现宽度 <4 mm 的裂缝
3	严重的	0.075 ~ 0.15	墙体出现 4 ~ 15 mm 的裂缝
4	很严重的	0.15 ~ 0.3	墙体出现 16 ~ 30 mm 的裂缝
5	灾难性的	>0.3	墙体严重倾斜、开裂、有倒塌危险

（4）确定隶属度，建立等级评价矩阵

采用模糊隶属度函数进行地表建筑物损伤易损性分析，确定模糊隶属度。

3）模糊综合评价

在单因素模糊评价一般只反映一个因素对评判对象的影响，而本节对地铁车站开挖引发的地表建筑物损伤需要考虑所有损伤风险因素的综合作用和各个风险因素的重要程度影响，进行单一因素模糊综合评价用下式表示：

$$\widetilde{\boldsymbol{B}} = \widetilde{\boldsymbol{A}} \cdot \widetilde{\boldsymbol{R}} = (a_1, a_2, \cdots, a_m) \cdot \widetilde{\boldsymbol{R}} = \begin{bmatrix} r_{11} & r_{12} & \cdots & r_{1n} \\ \vdots & \vdots & \cdots & \vdots \\ r_{21} & r_{22} & \cdots & r_{2n} \\ \vdots & \vdots & \cdots & \vdots \\ r_{m1} & r_{mn} & \cdots & r_{nn} \end{bmatrix} = (b_1, b_2, \cdots, b_n)$$

(2.8)

其中，$b_j = \overset{i=1}{\underset{m}{\vee}} (a_i \wedge r_{ij})(j=1,2,\cdots,n)$

地铁车站开挖诱发建筑物损伤风险受到多因素的影响，故还需要采用多级模糊综合评价：

对于损伤风险因素：$V = \{v_1, v_2, \cdots, v_m\}$，对 v_i 再细分得：$v_i = \{v_{i1}, v_{i2}, \cdots, v_{im}\}$

则有：

$$\widetilde{\boldsymbol{B}} = \widetilde{\boldsymbol{A}} \cdot \widetilde{\boldsymbol{R}} = \widetilde{\boldsymbol{A}} \cdot \begin{bmatrix} \widetilde{A}_1 \cdot \widetilde{R}_1 \\ \widetilde{A}_2 \cdot \widetilde{R}_2 \\ \cdots \\ \widetilde{A}_n \cdot \widetilde{R}_n \end{bmatrix}$$

(2.9)

对评价指标 $b_j(j=1,2,\cdots,n)$，还需要根据一定的标准对评价结果利用最大隶属度法、加权平均法或者模糊分步法的使用条件进行处理。

4）工程实例

以重庆轨道交通 9 号线某车站区间隧道和地表建筑为例，隧道与地表建筑物位置关系示意图如图 2.30 所示。车站上方为 4 条城市交通干道的交叉口，南北走向，车站设有 4 个出入口，2 个风亭。饭店基础与地铁东南出入浅埋暗挖通道水平距离 7.6 m，隧道埋深 11 m，隧道直径 8.4 m，饭店楼高 59.5 m，宽 14 m。

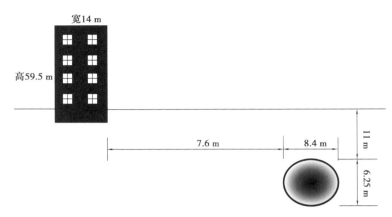

图 2.30　隧道与地表建筑物位置关系示意图

（1）周边建筑物损伤风险评估

①根据模糊综合评价步骤，根据工程概况，确定各个风险因素所在等级，见表 2.18。

表 2.18　地表建筑物损伤风险因素参数

损伤风险因素	参数取值	等级
地下水水文条件	地下水发育	3
隧道开挖速度	<8 m/步	3
地表建筑物几何尺寸	$a/b = 2.1$	5
地表建筑物与隧道角度	90°	5
地表建筑物与隧道掌子面距离	$S = -2.48D$	3
地表建筑物与隧道距离	水平距离 7.6 m	5
隧道埋深	$1.76D = 11$ m	4
地表建筑物损伤现状	修建于 20 世纪 80 年代末	2

②根据前面叙述的隶属度的确定方法，对建筑物损伤因素进行单因素模糊评价，建立的隶属度见表 2.19。

表 2.19　地表建筑物损伤风险因素隶属度

损伤风险因素	隶属度				
	1	2	3	4	5
地下水水文条件	0.3	0.2	0.7	0.2	0.1

续表

损伤风险因素	隶属度				
	1	2	3	4	5
隧道开挖速度	0.85	0.5	0.7	0.1	0.1
地表建筑物几何尺寸	0.8	0.9	0.2	0.1	0.95
地表建筑物与隧道角度	0	0	0	0	1
地表建筑物与隧道掌子面距离	0	0	1	0	0
地表建筑物与隧道距离	0	0	0	0	1
隧道埋深	0	1	0	0	0
地表建筑物损伤现状	0.1	0.3	1	0.5	0.3

由此得到地表建筑物损伤因素的单因素评价集为：

$$\tilde{\boldsymbol{R}}_1 = \left\{ \begin{matrix} 0 & 1 & 0 & 0 & 0 \\ 0.85 & 0.5 & 0.7 & 0.1 & 0.1 \end{matrix} \right\} \tag{2.10}$$

$$\tilde{\boldsymbol{R}}_2 = [0.8 \quad 0.9 \quad 0.2 \quad 0.95 \quad 0] \tag{2.11}$$

$$\tilde{\boldsymbol{R}}_3 = \begin{bmatrix} 0 & 0 & 0 & 0 & 1 \\ 0 & 0 & 1 & 0 & 0 \\ 0 & 0 & 0 & 0 & 1 \end{bmatrix} \tag{2.12}$$

③地表建筑物损伤因素的单因素模糊评价：

$$\tilde{\boldsymbol{B}}_1 = \tilde{\boldsymbol{A}}_1 \cdot \boldsymbol{R}_1 = [0.89, 0.45] \cdot \left\{ \begin{matrix} 0 & 1 & 0 & 0 & 0 \\ 0.85 & 0.5 & 0.7 & 0.1 & 0.1 \end{matrix} \right\}$$

$$= [0.85 \quad 0.5 \quad 0.7 \quad 0.45 \quad 0.45] \tag{2.13}$$

$$\tilde{\boldsymbol{B}}_2 = \tilde{\boldsymbol{A}}_2 \cdot \tilde{\boldsymbol{R}}_2 = [1]^T \cdot [0.8 \quad 0.9 \quad 0.2 \quad 0.95 \quad 0] = [1 \quad 1 \quad 1 \quad 1 \quad 1] \tag{2.14}$$

$$\tilde{\boldsymbol{B}}_3 = \tilde{\boldsymbol{A}}_3 \cdot \tilde{\boldsymbol{R}}_3 = [0.90, 0.38, 0.24] \cdot \begin{bmatrix} 0 & 0 & 0 & 0 & 1 \\ 0 & 0 & 1 & 0 & 0 \\ 0 & 0 & 0 & 0 & 1 \end{bmatrix}$$

$$= [0.24 \quad 0.24 \quad 0.24 \quad 0.24 \quad 0.38] \tag{2.15}$$

④二级综合评价：

$$\widetilde{\boldsymbol{B}} = \widetilde{\boldsymbol{A}} \cdot \begin{bmatrix} \widetilde{B}_1 \\ \widetilde{B}_2 \\ \widetilde{B}_3 \end{bmatrix} = \begin{bmatrix} 1.23, 0.315, 0.274 \end{bmatrix} \cdot \begin{Bmatrix} 0.85 & 0.5 & 0.7 & 0.45 & 0.45 \\ 1 & 1 & 1 & 1 & 1 \\ 0.24 & 0.24 & 0.24 & 0.24 & 0.38 \end{Bmatrix}$$

$$= \begin{bmatrix} 0.274 & 0.274 & 0.274 & 0.274 & 0.38 \end{bmatrix} \qquad (2.16)$$

⑤采用模糊分步法对评价结果进行确定：

$$b = b_1 + b_2 + b_3 = 1.476 \qquad (2.17)$$

则归一化模糊结合评判集后得到：

$$\widetilde{\boldsymbol{B}} = \left\{ \frac{b_1}{b}, \frac{b_2}{b}, \frac{b_3}{b}, \frac{b_4}{b}, \frac{b_5}{b} \right\} = \{0.186, 0.186, 0.186, 0.186, 0.257\} \qquad (2.18)$$

根据以上分析结果，隧道在开挖过程中诱发地表建筑物损伤事件，"很可能发生"的概率为 18.6%，"可能发生"的概率为 18.6%，"偶然发生"的概率为 18.6%，"不可能发生"的概率为 18.6%，"很不可能发生"的概率为 25.7%，根据表 2.10 所示的风险概率等级，重庆轨道交通 9 号线隧道开挖诱发饭店损伤的概率等级为 4 级。

（2）饭店损伤风险评估

①根据建筑物风险损伤模糊估计步骤，结合实际工程条件，地表建筑物损伤风险因素等级见表 2.20。

表 2.20　地表建筑物损伤风险因素等级

风险因素	参数值	等级
地表建筑物几何尺寸	$a/b = 2.1$	5
地表建筑物损伤现状	修建于 20 世纪 80 年代末	2
地表建筑物与隧道位置关系	角度 90°，水平距离 7.6 m	4

②构建权重集。根据建筑物变形能力风险因素等级研究内容，$\boldsymbol{W} = \{0.19, 0.49, 0.85\}^{\mathrm{T}}$。

③确定隶属度。建筑物易损性风险因素隶属度见表 2.21。

表 2.21 地表建筑物损伤风险因素隶属度

影响因素	隶属度				
	1	2	3	4	5
地表建筑物几何尺寸	0.8	0.9	0.2	0.1	0.95
地表建筑物损伤现状	0.1	0.3	1	0.5	0.3
地表建筑物与隧道角度	0	0	0	0	1
建筑物与隧道掌子面距离	0	0	1	0	0
地表建筑物与隧道距离	0	0	0	0	1

由此得到单因素判别矩阵为：

$$\tilde{R} = \begin{bmatrix} 0.8 & 0.9 & 0.2 & 0.1 & 0.95 \\ 0.1 & 0.3 & 1 & 0.5 & 0.3 \\ 0 & 0 & 0 & 0 & 1 \\ 0 & 0 & 1 & 0 & 0 \\ 0 & 0 & 0 & 0 & 1 \end{bmatrix} \qquad (2.19)$$

④模糊综合评判

$$\tilde{B} = \tilde{A} \cdot \tilde{R} = \{0.16, 0.403, 0.423, 0.65, 0.46\} \cdot \begin{bmatrix} 0.8 & 0.9 & 0.2 & 0.1 & 0.95 \\ 0.1 & 0.3 & 1 & 0.5 & 0.3 \\ 0 & 0 & 0 & 0 & 1 \\ 0 & 0 & 1 & 0 & 0 \\ 0 & 0 & 0 & 0 & 1 \end{bmatrix}$$

$$= \{0.403, 0.403, 0.2, 0.16, 0.403\} \qquad (2.20)$$

⑤利用模糊评判法对评判指标进行确定：

$$b = b_1 + b_2 + b_3 = 1.569 \qquad (2.21)$$

则归一化模糊结合评判集后得到轨道交通：

$$\tilde{B} = \left\{ \frac{b_1}{b}, \frac{b_2}{b}, \frac{b_3}{b} \right\} = \left\{ \frac{0.403}{1.569}, \frac{0.403}{1.569}, \frac{0.2}{1.569}, \frac{0.16}{1.569}, \frac{0.403}{1.569} \right\}$$

$$= \{0.257, 0.257, 0.127, 0.102, 0.257\} \qquad (2.22)$$

根据以上分析结果，重庆轨道交通 9 号线隧道开挖诱发饭店损伤的事件中，饭店出现"灾难性损伤"的概率为 25.7%，出现"很严重性损伤"的概率为 25.7%，出现"严重性损伤"的概率为 12.7%，出现"较大损伤"的概率为 10.2%，出现"轻微的损伤"的概率为 25.7%，根据表 2.3 所示的风险概率等级，重庆轨道交通 9 号线隧道开挖诱发饭店损伤的概率等级为 4 级。

将重庆轨道交通 9 号线隧道开挖诱发饭店损伤风险模糊层次综合评估法与已有的常规施工方法、数值模拟工况 1、数值模拟工况 2、数值模拟工况 3 评估结果进行对比,对比结果见表 2.22。

表 2.22　不同评估方法对地表建筑物损伤等级及风险等级对比

计算方法	饭店损伤等级	饭店损伤风险等级
常规施工	3 级	4 级
数值模拟工况 1	3 级	5 级
数值模拟工况 2	2 级	2 级
数值模拟工况 3	2 级	2 级
本书方法	3 级	4 级

通过表 2.22 中的比较,可以发现,本节提出的城市地下地铁车站浅埋暗挖诱发地表建筑物损伤风险评估方法所得到的建筑物损伤风险结果与已有的评估结果具有一致性,城市地下地铁车站诱发地表建筑物损伤风险模糊综合层次分析法适用于城市浅埋暗挖隧道的施工诱发问题风险评估。

2.4　本章小结

①重庆轨道交通 9 号线工程实践表明,山地城市特大断面地铁车站建造采用三台阶法、CRD 法和双侧壁导坑法施工引起的围岩变形逐渐减少,其中双侧壁导坑法对于围岩变形的控制效果最优。

②新建地铁工程施工对既有隧道支护结构重复扰动的影响具有叠加效应,对既有隧道支护结构影响最大,对既有隧道支护结构水平位移在拱顶位置处达到最大,对既有隧道结构竖向正应力的影响较小。

③隧道施工对装配式建筑物的扭曲变形曲线呈对称分布,沿盾构掘进方向,距隧道中心线距离相同,面积相同的板,施工先经过断面的底板扭曲变形值大于后经过断面的底板扭曲变形值,且面积大的板扭曲变形值大于面积小的板扭曲变形值。

④建立的浅埋暗挖地铁车站诱发邻近建筑物损伤风险模糊层次综合评估法,可用于城市地下地铁车站诱发地表建筑物损伤风险评估体系。

第3章 复杂环境下地铁施工地层变形规律

地铁线路的规划和设置一般位于城市化高度发展地区、地面建筑密集区域，地铁线路需要近距离穿越（下穿、侧穿）各种建筑物及其地下结构。车站与区间隧道施工对周围桥梁桩基、立交桩基、楼宇及其他建筑物桩基将产生一定的影响。本章通过建立全断面岩石掘进机 TBM 迎坡隧道三维模型，基于 PIV 技术的土体内部断层三维变形量测系统分析了 TBM 迎坡掘进时不同坡度对隧道周边地层及既有桩基稳定性的影响。

3.1 圆形隧道断面围岩应力与变形

因隧道开挖卸荷，施工扰动破坏了原岩应力场，应力重新分布，产生局部应力集中，改变了隧道围岩周边的应力与变形，分析如下。

1）圆形隧道围岩应力

根据圆形隧道受力及变形状况，可以将空间问题简化为平面问题，极坐标系的平衡微分方程如下：

$$(\sigma_r + d\sigma_r)(r + dr)d\theta - \sigma_r \cdot r \cdot d\theta - 2\sigma_\theta \cdot dr \cdot \sin\frac{d\theta}{2} = 0 \qquad (3.1)$$

式中，σ_r 为径向应力，MPa；σ_θ 为切向应力，MPa；r 为隧道半径，m；θ 为夹角。

式（3.1）整理可得

$$\sigma_r - \sigma_\theta + r\frac{d\sigma_r}{dr} = 0 \qquad (3.2)$$

圆形隧道变形的几何方程见式（3.3）、式（3.4）。

$$\varepsilon_r = \frac{(u + du) - u}{dr} = \frac{du}{dr} \tag{3.3}$$

$$\varepsilon_\theta = \frac{(r + u)\,d\theta - rd\theta}{rd\theta} = \frac{u}{r} \tag{3.4}$$

式中，ε_r 为径向应变；ε_θ 为切向应变；u 为径向位移。

应力与应变之间关系，物理方程如下：

$$\begin{cases} \varepsilon_\theta = \dfrac{\sigma_\theta}{E} - \mu\dfrac{\sigma_r}{E} - \mu\dfrac{\sigma_z}{E} = \dfrac{1}{E}[\sigma_\theta - \mu(\sigma_r + \sigma_z)] \\[3mm] \varepsilon_r = \dfrac{\sigma_r}{E} - \mu\dfrac{\sigma_\theta}{E} - \mu\dfrac{\sigma_z}{E} = \dfrac{1}{E}[\sigma_r - \mu(\sigma_\theta + \sigma_z)] \end{cases} \tag{3.5}$$

式中，E 为围岩的弹性模量，MPa；μ 为围岩的泊松比；σ_z 为隧道轴向应力，MPa。

对式(3.2)—式(3.5)吉尔西解求解结果如下：

$$\begin{cases} \sigma_r = \dfrac{\sigma_1 + \sigma_2}{2}\left(1 - \dfrac{R_0^2}{r^2}\right) - \dfrac{\sigma_1 - \sigma_2}{2}\left(1 - 4\dfrac{R_0^2}{r^2} + 3\dfrac{R_0^4}{r^4}\right)\cos 2\theta \\[3mm] \sigma_\theta = \dfrac{\sigma_1 + \sigma_2}{2}\left(1 + \dfrac{R_0^2}{r^2}\right) + \dfrac{\sigma_1 - \sigma_2}{2}\left(1 + 3\dfrac{R_0^4}{r^4}\right)\cos 2\theta \end{cases} \tag{3.6}$$

式中，σ_1 为最大主应力，MPa；σ_2 为中间主应力，MPa。

因此，对于浅埋圆形断面隧道，可以通过式(3.6)计算隧道周边任意一点的径向应力 σ_r、切向应力 σ_θ；侧压系数 $\lambda = \sigma_2/\sigma_1$，浅埋隧道一般 λ 小于 1/3，开挖引进应力集中，σ_θ 切向应力为原岩应力的 2.7～3 倍。

2）圆形隧道围岩变形

对于隧道，开挖后的变形由应力增量所致，原岩应力不引起新的位移，故采用应力增量计算隧道位移。在支护反力作用下，轴对称圆形隧道周边的弹性位移 u_0 计算公式为：

$$u_0 = \frac{(1 + \mu)}{E} P_0 (P_0 - P_1) \tag{3.7}$$

式中，E 为隧道围岩弹性模量，MPa；μ 为隧道围岩泊松比；P_0 为各向等压原岩应力，MPa；P_1 为隧道支护结构反力，一般为 0.1 MPa。

重庆轨道交通 9 号线一期区间隧道埋深在 10～25 m，原岩应力 P_0 最大为 0.6 MPa，围岩弹性模量 E 为 4 750 MPa，泊松比 μ 为 0.23，将参数代入式(3.7)中计算出隧道围岩变形量为 0.08 mm，表明浅埋隧道围岩变形量很小。

3.2 不同坡度对 TBM 迎坡掘进区间隧道周边地层的影响

本节以重庆轨道交通 9 号线刘家台—鲤鱼池区间双线隧道施工为例,基于力的平衡公式以及有限元模拟,将纵坡坡度设定为参数变量,分析 TBM 迎坡掘进时不同坡度对隧道周边地层稳定性的影响,研究 TBM 隧道在不同坡度开挖时引起的围岩应力的变化规律、围岩竖向、横向变形以及地表沉降规律,进而得到控制 TBM 迎坡掘进的安全措施。

3.2.1 工程概况

重庆轨道交通 9 号线一期工程刘家台—鲤鱼池站区间,隧道总长为 919.509 m,其中 CK14+986.420 ~ CK15+261.113 为渡线隧道,采用钻爆法施工,其他路段为 TBM 施工。TBM 区间为双线双洞,采用复合式 TBM 施工。本节选取的地质剖面图和隧道横断面如图 3.1 所示,TBM 掘进机迎坡掘进,上坡坡度为 20‰—46‰,隧道围岩情况见表 3.1。

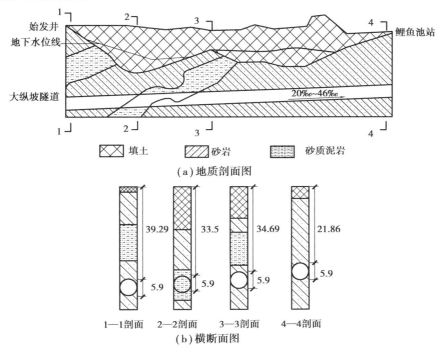

(a) 地质剖面图

(b) 横断面图

图 3.1 刘家台—鲤鱼池站区间隧道地质剖面和横断面图

表 3.1　隧道围岩情况

区间段	围岩岩性	围岩等级
1—1 剖面 ~ 2—2 剖面	主要为砂岩	Ⅲ 级
2—2 剖面 ~ 3—3 剖面	主要为砂质泥岩	Ⅳ 级
3—3 剖面 ~ 4—4 剖面	主要为砂岩	Ⅲ 级

3.2.2　模型的建立

采用 MIDAS/GTS 有限元软件来模拟 TBM 迎坡掘进对围岩及地表沉降的影响,选取图 3.1 中 3—3 至 4—4 区间内 30 m 长隧道,迎坡 TBM 隧道空间位置图、模型的网络划分、隧道的迎坡方向如图 3.2 所示。模型区间隧道纵坡坡度为 20‰ ~ 46‰,选取隧道纵坡坡度分别为 10‰,30‰,50‰,分析 3 个工况对围岩及地表沉降的影响。

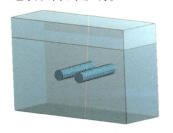  

(a)迎坡隧道空间位置图　　　　(b)网格划分图　　　　(c)隧道迎坡方向

图 3.2　隧道三维模型图

3.2.3　计算结果与分析

1)围岩应力分析

TBM 迎坡掘进扰动隧道围岩,导致隧道周围不同位置及不同埋深处的围岩应力发生变化,选取掌子面后隧道截面位置处围岩应力的模拟云图如图 3.3 所示,隧道截面处关键位置点围岩应力统计对比见表 3.2、表 3.3。从图 3.3、表 3.2、表 3.3 中可知:

①在 3 种工况中,TBM 隧道迎坡掘进时围岩 Z 向应力云图大致相同,隧道附近围岩应力受坡度的影响其变化趋势基本相同,各地层受自重的影响其竖向应力近似呈层状分布,埋深越大竖向应力越大。

②双孔隧道施工过程中,隧道围岩的竖向应力沿两隧道距离中线呈对称分

布,由于隧道的开挖对上部土体有卸荷作用,故围岩应力均在双线隧道的拱顶处发生急剧变化,且拱顶位置处围岩所受 Z 方向正应力较同一埋深处围岩应力小。

③两隧道中间位置处围岩的竖向应力较两隧道两侧围岩的竖向应力大,且隧道坡度对两隧道拱腰位置处围岩的竖向应力影响大,随着坡度的增大,拱腰位置处围岩的竖向应力呈递减趋势,而隧道坡度对拱顶及拱底围岩的竖向应力影响不大。

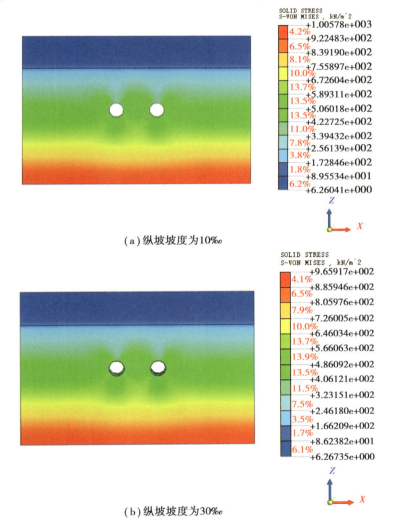

（a）纵坡坡度为10‰

（b）纵坡坡度为30‰

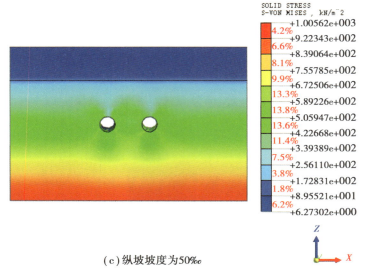

(c) 纵坡坡度为50‰

图3.3 TBM迎坡掘进引起的围岩Z向应力云图

TBM迎坡掘进时,隧道的两腰处出现应力集中现象,且两隧道中间岩柱围岩的竖向应力值最大;其次,TBM迎坡掘进时由于坡度的影响有下滑趋势,与隧道上层土体摩擦力增大,开挖卸荷作用更加明显,故迎坡隧道上部围岩处竖向应力发生急剧变化。另外,围岩的受力状况会引起围岩的变形,由于围岩应力与迎坡隧道坡度大小存在一定的规律性,因此围岩变形也会与迎坡隧道的坡度存在一定的规律。

表3.2 左侧隧道(先开挖)围岩各关键点Z向应力变化表

名称		坡度		
		10‰	30‰	50‰
左拱腰	应力值/(kN·m^{-2})	545.289	515.655	453.146
右拱腰	应力值/(kN·m^{-2})	568.450	528.227	513.056
拱顶	应力值/(kN·m^{-2})	322.373	360.352	321.784
拱底	应力值/(kN·m^{-2})	463.295	404.477	445.625

表3.3 右侧隧道(后开挖)围岩各关键点Z向应力变化表

名称		坡度		
		10‰	30‰	50‰
左拱腰	应力值/(kN·m^{-2})	597.507	539.074	536.909
右拱腰	应力值/(kN·m^{-2})	559.133	535.650	532.997
拱顶	应力值/(kN·m^{-2})	340.125	332.734	343.360
拱底	应力值/(kN·m^{-2})	439.803	448.410	426.157

2）围岩变形分析

（1）隧道坡度对围岩竖向变形的影响

围岩应力变化较明显的位置为隧道的拱腰、拱顶,而围岩应力变化会引起围岩变形,3 个工况掌子面后隧道截面位置处围岩竖向变形的模拟云图如图 3.4 所示,隧道截面处关键位置点围岩竖向变形值折线如图 3.5 所示。

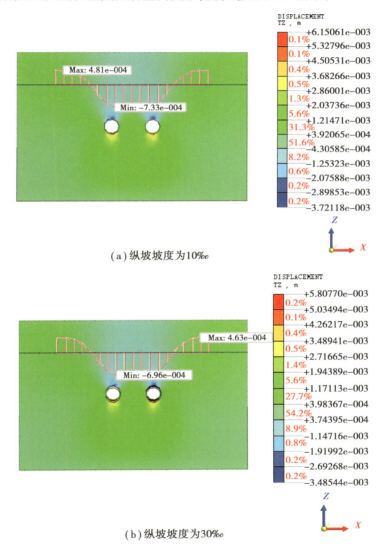

（a）纵坡坡度为10‰

（b）纵坡坡度为30‰

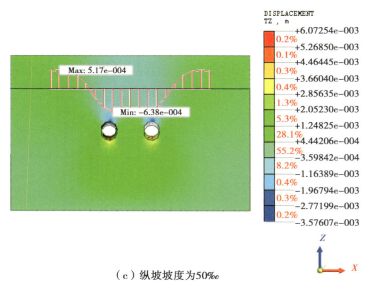

（c）纵坡坡度为50‰

图3.4　TBM迎坡掘进引起的围岩竖向变形云图

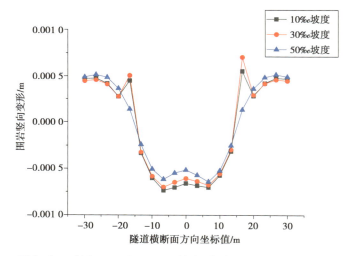

图3.5　不同工况下TBM迎坡掘进引起的围岩竖向变形

（2）隧道坡度对围岩横向变形的影响

3个工况掌子面后隧道截面位置处围岩横向变形的模拟云图如图3.6所示，隧道截面处关键位置点围岩横向变形值折线如图3.7所示。

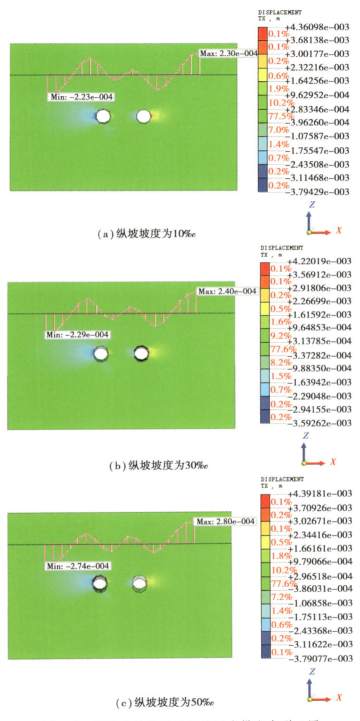

（a）纵坡坡度为10‰

（b）纵坡坡度为30‰

（c）纵坡坡度为50‰

图 3.6　TBM 迎坡掘进引起的围岩横向变形云图

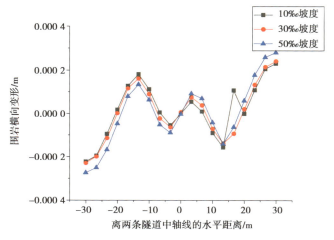

图 3.7 不同工况下 TBM 迎坡掘进引起的围岩横向变形

从围岩竖向变形及横向变形可知,围岩竖向变形和横向变形的最大值分别为 7.38×10^{-4} m、2.7×10^{-4} m,故隧道坡度的大小对围岩的横向变形及竖向变形存在一定的影响,但影响不大,其次,隧道坡度对围岩变形的影响主要集中在隧道拱顶、两侧拱腰 3 处关键位置,且与围岩应力集中点相对应。

3)地表变形分析

(1)隧道坡度对地表沉降的影响

地表沉降量是隧道稳定性分析的一项重要指标,三种工况掌子面后隧道截面位置处地表沉降云图如图 3.8 所示,地表沉降值折线如图 3.9 所示。从图中可知:TBM 掘进时坡度的大小对地表沉降存在一定的影响,坡度越大,地表沉降值越小。

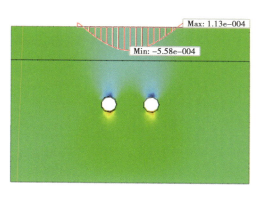
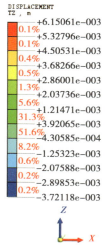

(a)纵坡坡度为10‰

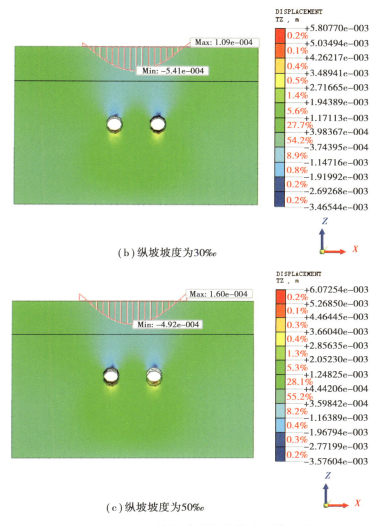

（b）纵坡坡度为30‰

（c）纵坡坡度为50‰

图 3.8　TBM 迎坡掘进引起的地表沉降云图

（2）沉降曲线变化规律

图 3.10—图 3.12 分别给出了纵坡值分别为 10‰、30‰、50‰时，掌子面前、掌子面、掌子面后距离地表不同位置处的沉降曲线。从图 3.10—图 3.12 中可知：坡度不同时，掌子面后隧道围岩变形规律及地表沉降规律均与围岩应力分布规律一致。

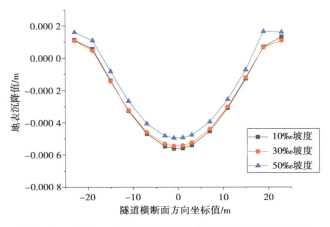

图 3.9 不同工况下 TBM 迎坡掘进引起的地表沉降

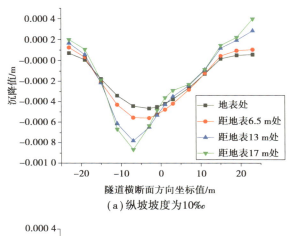

（a）纵坡坡度为10‰

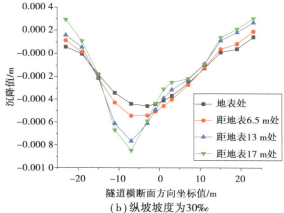

（b）纵坡坡度为30‰

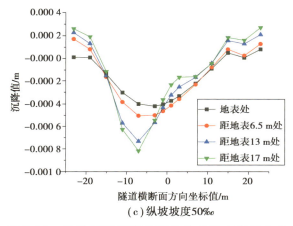

(c) 纵坡坡度50‰

图 3.10　三种工况下掌子面处地层竖向变形曲线

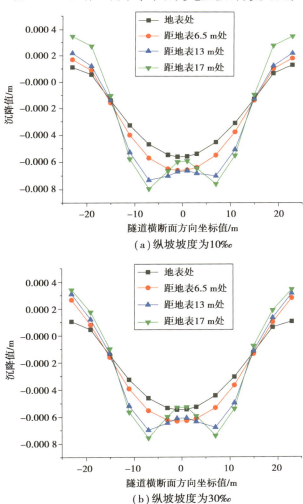

(a) 纵坡坡度为10‰

(b) 纵坡坡度为30‰

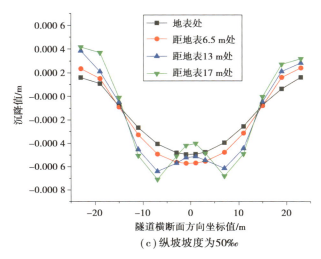

（c）纵坡坡度为50‰

图3.11 三种工况下掌子面后处地层竖向变形曲线

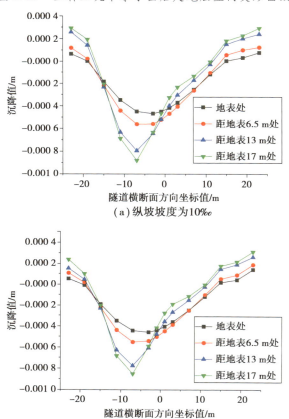

（a）纵坡坡度为10‰

（b）纵坡坡度为30‰

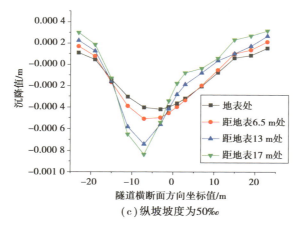

（c）纵坡坡度为50‰

图 3.12　三种工况下掌子面前地层竖向变形曲线

3.3　隧道施工对现有桩基的影响

3.3.1　重庆轨道交通 9 号线邻近既有桩基情况

1）鲤鱼池—刘家台区间隧道

①紧邻融景城 21 号楼桩基，左线：ZK14+855-875，间距：水平最小间距 5 m，竖向投影桩基在隧道上方 21 m。

②紧邻珠江太阳城 B 区 7 号楼、8 号楼桩基，右线：YK15+029.823-089.823，间距：水平紧邻，竖向桩基在隧道上方 1.7 m。

2）刘家台站

紧邻珠江太阳城 A 区网球场挡墙，左线：ZK15+316-383，间距：水平最小间距 2.5 m，挡墙高 12 m，埋深 3 m。

3）刘家台站附属

①一号出入口及风亭组，与中冶重庆桩基（混凝土 33/吊 4/-2F）最小水平距离 4.5 m。

②二号出入口，与珠江太阳城 D 区 2 号楼裙楼桩基（混凝土 -2F）最小水平距离 1.6 m。

③四号出入口，与珠江太阳城 A 区 8 栋裙楼桩基（混凝土 2）最小水平距离 3.6 m。

4)刘家台—江北城区间

①下穿黄花园大桥路基段挡墙并旁穿 5 层砖房基础,右线:YDK15+747. 161,间距:隧道结构与 5 层砖房基础水平净距约 3.77 m。

②旁穿重庆金融中心桩基,右线:YDK15+896-YDK16+000,间距:隧道结构与重庆金融中心 A 栋桩基最小水平净距 3.04 m,竖向投影桩基在隧道上方 6 m。

③待建段下穿东方国际广场地下室转换柱及转换梁,A1 断面:ZDK16+226.757-236.426,间距:距离转换梁竖向距离约 1.03 m。左线:ZDK16+212.754-226.757(B1 断面),间距:距离转换柱最小水平距离约 0.22 m,距离转换梁竖向距离约 9.56 m。右线:YDK16+211.257-225.365(B2 断面),间距:距离转换柱最小水平距离约 0.42 m,距离转换梁竖向距离约 2.82 m。

5)江北城—五里店区间

①旁穿江北城立交,右线:YDK16+704-940,间距:最近点与左幅桥台 Z0 水平距离 0.654 m。

②旁穿南方上格林小区建筑桩基,左线:ZDK16+887-925,间距:与南方上格林小区最小水平净距约为 4.5 m。

3.3.2　试验方案及结果分析

隧道与邻近既有桩基的相互作用是通过隧道及桩间土的传递进行的,通过观测隧道与桩间土的内部变形,研究其作用方式及规律。透明土试验是研究内部变形比较成熟的常用试验方案,为了方便获取内部不同位置的变形,本试验装置的各个部分尽量采用高透明度的 PPMA(亚克力)制品。整个物理模型试验系统主要由以下 3 个部分组成,分别是模拟隧道开挖装置、模型箱和变形(位移)测量系统。通过一个透明土物理模型试验并采用基于 PIV 技术的土体内部断层三维变形量测系统监测变形,得到了在既有桩基影响下,隧道施工过程中的地层规律,研究方案见表 3.4。当试验数字图像采集完毕后,采用德国 DLR 开发的 PIV 后处理软件 PIVview2C Demo 分析透明土模型目标观测面的变形位移场。

表 3.4　试验设计方案

编号	参数		
	埋深比(隧道顶为原点)C/D	桩基插入深度(地表线原点)Z/mm	水平间距(隧道中心线原点)D/mm
FB	1.5 ~60	−80	60
A1	1.5 ~60	−40	60

续表

编号	参数		
	埋深比（隧道顶为原点）C/D	桩基插入深度（地表线原点）Z/mm	水平间距（隧道中心线原点）D/mm
A2	1.5～60	−60	60
A3	1.5～60	−80	60
A4	1.5～60	−100	60
A5	1.5～60	−120	60

1）隧道开挖引起周围地层三维变形分析

当隧道在邻近既有桩基条件下开挖施工时，隧道、周边土体、既有桩基以及既有桩基的上部结构等 4 部分将处于一个共同作用体系中，四者之间相互作用、相互影响，直至形成最终的稳定平衡状态。试验暂时忽略桩基上部结构的作用，仅对隧道-土体-桩基三者之间的相互作用关系进行研究。

以试验方案中基准 A3 组为例分析隧道开挖引起的隧道周围地层变形，试验中隧道的开挖一共分为 8 步，图 3.13 展示了初始状态和结束状态的图像，其余图像与之类似，不再冗余展示地层土体竖向三维变形。

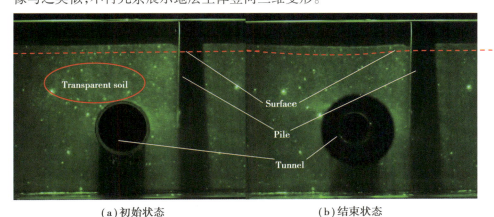

（a）初始状态　　　　　　　　　　　　（b）结束状态

图 3.13　A3 组桩-隧道中心截面变形图

从图 3.14 中可以看出，在隧道顶上地层的竖向位移基本呈现出沉降槽式对称分布，主要竖向变形集中在隧道中心线左右各 3 倍半径范围内，竖向位移等值线微呈现拱状（预示土拱效应已然形成）。桩基在隧道的右侧，在有桩基的一侧，发生变形的区域稍大。而隧道周围土体没有竖向位移数据是由于隧道开挖（拉拔套管)后,模拟隧道用 PVC 管材在相机照摄范围内遮挡了部分透明土,导致部分变形数据缺失。而隧道上方位移数据的突变(隧道上方云图蓝色区域以下的绿色区域),乃是图像处理软件等值线自动闭合导致,隧道拱顶上方土体竖向位移急剧减小至零。可以看出越靠近隧道拱顶,竖向位移应该越大。

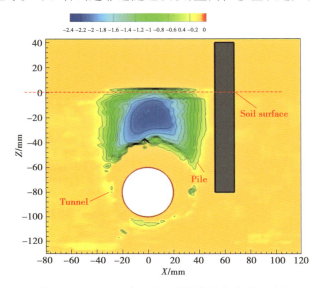

图 3.14　A3 组中心切面地层竖向位移云图

从图 3.15 中可以看出隧道中心轴线上方水平位移基本为零,以隧道中心轴线为参照面,左右两侧水平位移大致对称分布,均向着隧道中心轴线所在竖向平

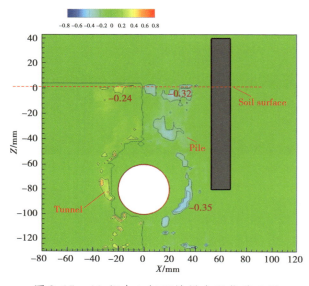

图 3.15　A3 组中心切面地层水平位移云图

面,且水平位移相较竖向位移要小很多,隧道周围土体的变形以竖向位移为主。在隧道中心轴线两侧各半径距离处水平位移的值达到最大,大致符合正弦函数分布。靠近桩基侧最大水平位移的值比无桩基侧最大水平位移值稍大,如果没有桩基的存在,左右两边是对称分布的,而桩基影响了这种平衡,导致靠近桩基侧土体水平位移偏大,而在桩基附近水平位移较小,甚至几乎没有水平位移,本组试验桩基距离隧道较远是其中的一个原因,其主要原因是桩基的存在限制了地层水平位移的传递和发展。

2)隧道开挖过程中地层的动态变形分析

建立了如图 3.16 所示的分步开挖典型点位置示意图,分析隧道开挖引起隧道周围地层的动态变形。

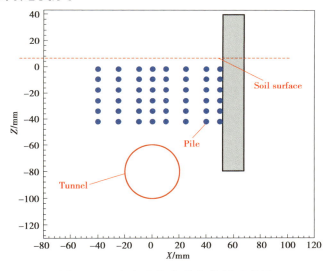

图 3.16 分步开挖典型点位置示意图

隧道整个开挖过程中典型标记点的竖向位移动态变化如图 3.17 所示,横坐标为掌子面位置,以掌子面(隧道—桩基中心切面)为原点,纵坐标为标记点的竖向位移 u_z。

从图 3.18—图 3.19 还可以看出,隧道中心轴线上方左右两侧土体的竖向变形大致对称,同一水平面上距离隧道中心轴线越近的地层土体,竖向位移不管是增长速度还是最大值都大于距离隧道中心轴线较远的地层土体;同时还可以看出在靠近地表和靠近隧道开挖面的土体竖向位移的增长速度和最大竖向位移均小于隧道开挖面与地表中间部分的地层土体。对比图中横坐标为-40 mm、40 mm 和 50 mm 在各个地层深度上的竖向位移变化曲线图,由于桩基的存在,使

71

得隧道开挖引起周围地层变形的影响区在有桩基一侧更大,图中横坐标为-40 mm 的标记点基本没有竖向位移,而横坐标为 40 mm 的标记点有较小的竖向位移,说明这些点受到了扰动,产生了竖向变形,横坐标为 50 mm 的标记点也几乎没有竖向位移,这是桩基的存在与该点距隧道中心轴线较远的双重作用结果。

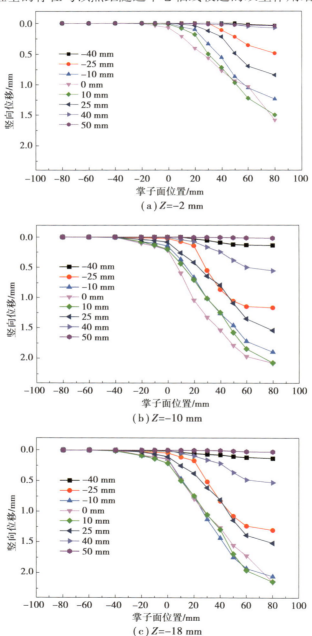

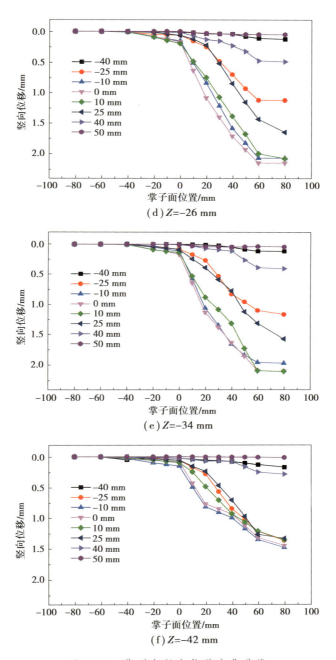

(d) $Z=-26$ mm

(e) $Z=-34$ mm

(f) $Z=-42$ mm

图 3.17 典型点竖向位移变化曲线

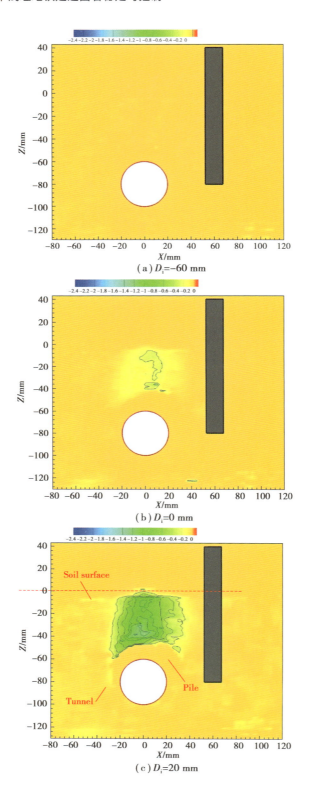

（a）D_i=−60 mm

（b）D_i=0 mm

（c）D_i=20 mm

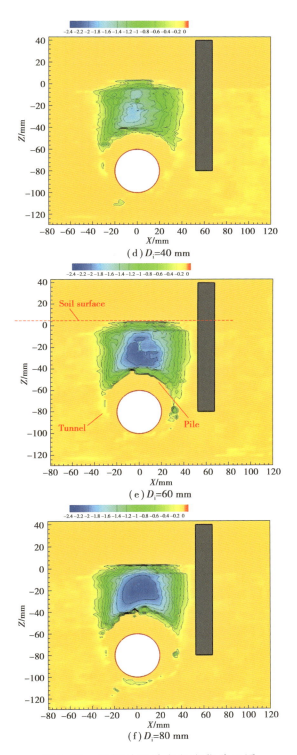

图 3.18　开挖过程动态竖向位移云图

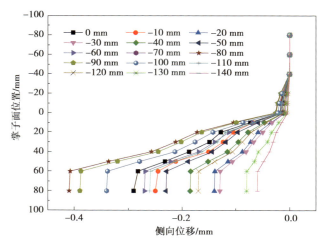

图 3.19　$X=30$ mm 处不同深度侧向位移变化曲线

研究结果表明：

①隧道开挖引起的周围土体变形区域主要位于隧道上方及上方左右两侧，变形以竖向沉降为主，水平变形为辅，砂土地层呈现出整体较均匀变形模式，竖直方向与水平方向变形呈隧道轴线对称。

②砂土地层中，隧道掌子面在桩基-隧道中心轴线前时，隧道周围地层变形较小，即隧道开挖的影响还未到达该区域；掌子面位置经过桩基-隧道中心轴线切面后，该切面上地层发生持续变形，直至掌子面位置距离该面约 2 倍直径后重新达到稳定平衡状态，变形基本完成。

3.4　车站施工对现有隧道的影响

本节通过 Midas GTS NX 软件采用三维有限元数值分析方法，系统分析了近接地铁工程施工过程中既有隧道支护结构应力分布及位移规律。

3.4.1　车站施工对现有隧道支护结构的影响

1）数值模型

以重庆轨道交通 9 号线新建工程（包含新建车站、新建 TBM 始发洞、新建 TBM 隧道）下穿 3 号线既有隧道为基础建立模型，新建复杂变截面地铁工程下穿既有隧道施工数值计算几何模型与网格模型如图 3.20 所示，新建地铁工程与既有隧道位置关系如图 3.21 所示。

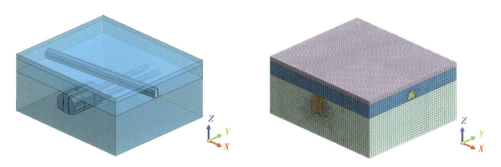

图 3.20　新建地铁工程下穿既有隧道施工模型与网格模型

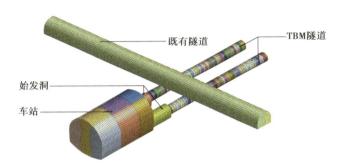

图 3.21　新建地铁工程与既有隧道位置关系

2）力学模型

构建如图 3.22 所示的地质力学模型,分析新建隧道开挖对既有隧道支护结构的应力和位移的影响。

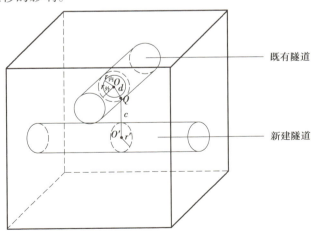

图 3.22　新建隧道开挖对既有隧道支护结构影响的力学模型

建立如图 3.23 所示的力学模型分析计算新建隧道开挖对既有隧道支护结构的应力及位移影响。

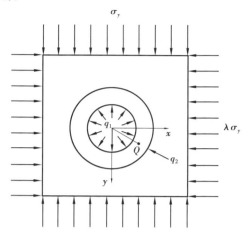

图 3.23　新建隧道下穿施工对既有隧道支护结构影响的力学模型

轨道交通工程开挖对既有隧道支护结构重复扰动影响的整体力学模型如图 3.24 所示。

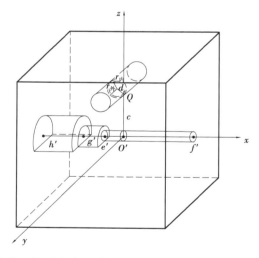

图 3.24　新建轨道交通工程下穿施工对既有隧道支护结构重复扰动叠加影响的力学模型

3）计算结果与分析

按照设计施工顺序进行模拟,选取双侧壁导洞法车站及其支护体系施工完成（阶段 1）、左线 TBM 隧道开挖完成（阶段 2）、右线 TBM 隧道开挖完成（阶段 3）3 个经典阶段来进行分析。在既有隧道上选取图 3.25 中有代表意义的 8 个特征点来分析新建轨道交通工程开挖对既有隧道位移的影响。

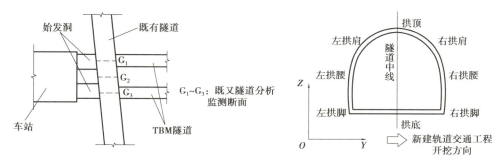

图 3.25 既有隧道支护结构监测面位置及测点图

（1）车站施工对现有隧道支护结构位移的影响分析

新建轨道交通工程施工过程中既有隧道支护结构各个特征点的竖向位移如图 3.26 所示，数值分析结论如下：

①左线 TBM 隧道的施工在新建车站施工影响基础上使既有隧道支护结构的竖向位移继续增大，右线 TBM 隧道施工在左线 TBM 隧道施工影响基础上使既有隧道支护结构的竖向位移再次增大，且增幅较大影响不可忽略。

②受新建轨道交通工程开挖影响后，既有隧道支护结构上各个特征点的沉降曲线大同小异，新建轨道交通隧道与既有隧道支护结构上各个特征点，如左拱肩、左拱腰、左拱脚等特征点距离车站开挖面较近，且车站开挖断面较大，受车站开挖影响较大；而右拱肩、右拱腰、右拱脚、拱底等几个特征点距离车站较远，距离 TBM 始发洞及 TBM 隧道较近，因而受到这两种轨道交通工程开挖影响较大。

③新建地铁工程整体开挖完成后既有隧道支护结构上各个特征点的位移最大值均在新建隧道中心对称面附近，最大值并不是对称面上。

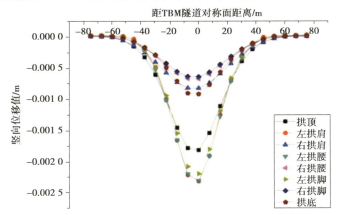

（a）新建车站施工完成后既有隧道各个特征点对应的竖向位移（Z 向）

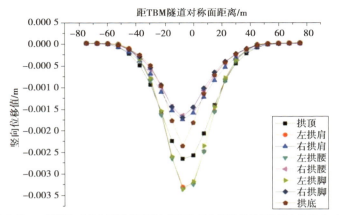

（b）左线TBM隧道施工完成后既有隧道支护结构各个特征点对应的竖向位移（Z向）

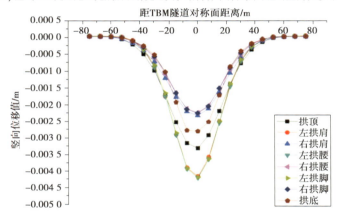

（c）右线TBM隧道施工完成后既有隧道支护结构各个特征点对应的竖向位移（Z向）

图 3.26　新建地铁工程施工过程中既有隧道支护结构的竖向位移（Z 向）

新建地铁工程施工过程中既有隧道支护结构各特征点的水平位移（Y 向位移，与新建隧道开挖方向相同）如图 3.27 所示，数值分析结论如下：

①新建地铁工程整体施工过程中，隧道开挖面未穿越既有隧道特征点时，特征点均表现出背离开挖方向的位移；当隧道开挖面穿越既有隧道特征点后，特征点表现出沿着新建地铁工程开挖方向水平位移。

②由于新建车站开挖断面较大，新建地铁工程施工结束后，既有隧道结构整体表现出背离新建隧道开挖方向的位移，且最大位移为 2 mm 左右出现在拱顶位置处，对既有隧道结构极其不利，要多加控制，既有隧道上各特征点的位移峰值约出现在新建隧道中心位置处。

③新建地铁工程施工完成后，各个特征点的位移曲线几乎相同。新建地铁工程开挖过程中，右侧各特征点（右拱肩、右拱腰、右拱脚）位移相比于左侧各特征点（左拱肩、左拱腰、左拱脚）位移要"滞后"一些，主要是新建地铁工程的开挖先经过既有隧道左侧，故对既有隧道左侧先产生影响，再经过既有隧道右侧，故

对既有隧道右侧后产生影响。

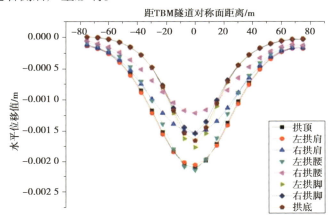

（a）新建车站施工完成后既有隧道支护结构各个特征点对应的水平位移（Y向）

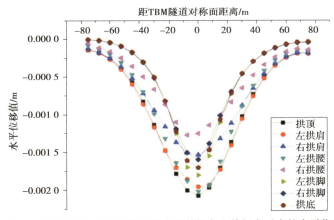

（b）左线TBM隧道施工完成后既有隧道支护结构各个特征点对应的水平位移（Y向）

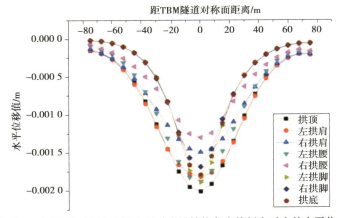

（c）右线TBM隧道施工完成后既有隧道支护结构各个特征点对应的水平位移（Y向）

图 3.27　新建地铁工程施工过程中既有隧道支护结构的水平位移（Y向）

（2）车站施工对现有隧道支护结构应力的影响

为分析新建地铁工程整体开挖完成对既有隧道支护结构的影响，本书选取3个监测断面分析各个特征点的水平位移及竖向位移，得到既有隧道各个监测断面的变形示意图，见表3.5。

新建车站刚进行开挖、新建车站开挖完成、左线 TBM 隧道开挖完成、右线 TBM 隧道开挖完成对既有隧道的影响，3 个特征点的竖向应力值如图 3.28—图 3.30、表 3.6 所示。

表3.5　既有隧道各监测断面环向位移

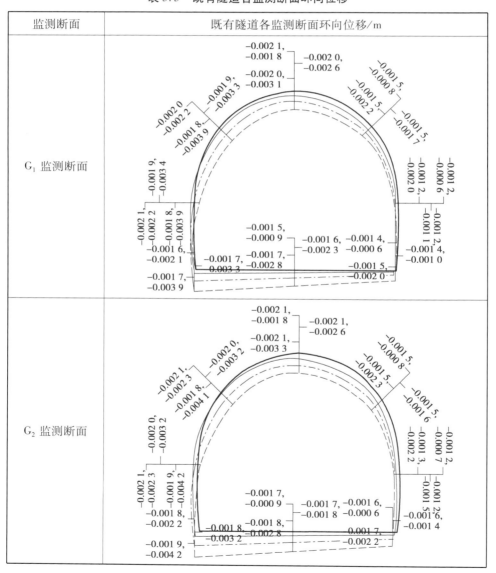

续表

监测断面	既有隧道各监测断面环向位移/m
G_3 监测断面	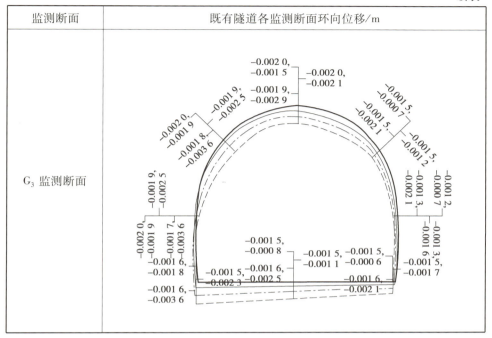

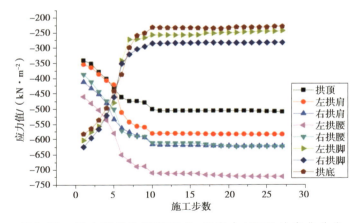

图 3.28 既有隧道监测断面 G_1 正应力（SZZ）的变化曲线

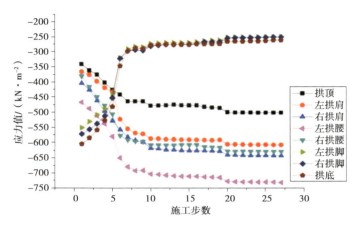

图 3.29 既有隧道监测断面 G_2 正应力(SZZ)的变化曲线

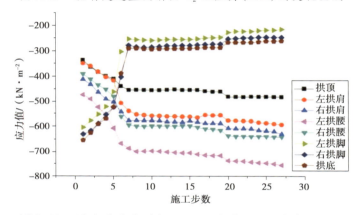

图 3.30 既有隧道监测断面 G_3 正应力(SZZ)的变化曲线

表 3.6 新建隧道施工过程中既有隧道监测断面 G_1 上特征点的正应力变化表

监测断面		监测断面 G_1			
施工阶段		车站刚施工时	车站施工完成后	左线 TBM 隧道施工完成后	右线 TBM 隧道施工完成后
拱顶	应力值/(kN·m⁻²)	−339.825	−472.84	−504.92	−508.37
	增幅/%	—	39	7	1
左拱肩	应力值/(kN·m⁻²)	−353.515	−542.036	−581.192	−582.96
	增幅/%	—	53	7	1
右拱肩	应力值/(kN·m⁻²)	−411	−576	−620	−621.574
	增幅/%	—	40	8	1

84

续表

监测断面		监测断面 G_1			
左拱腰	应力值/(kN·m⁻²)	−387.426 1	−585	−616	−622.558
	增幅/%	—	51	5	1
右拱腰	应力值/(kN·m⁻²)	−458.826 5	−670.44	−717.06	−723.11
	增幅/%	—	46	7	1
左拱脚	应力值/(kN·m⁻²)	−602.204 2	−271.4	−250.046	−242.098
	增幅/%		−55	−8	−3
右拱脚	应力值/(kN·m⁻²)	−624.780 6	−320.08	−281.126	−280.731
	增幅/%		−49	−12	−0.3
拱底	应力值/(kN·m⁻²)	−581.578 5	−297.87	−234.7	−228.16
	增幅/%	—	−48	−21	−3

4）理论计算与数值模拟对比分析

（1）车站施工对现有隧道支护结构应力的影响理论计算与数值模拟对比分析

通过数值模拟结果及理论计算结果对比分析可以看出：数值模拟得出的应力趋势曲线与理论计算求出的应力曲线趋势大体相同，均在车站开挖、始发洞开挖及下穿时曲线斜率较大，新建地铁工程刚进行开挖时既有隧道支护结构沿 Z 向应力值数值模拟与理论计算值分别为 465.83 kN/m²、515.8 kN/m²，新建地铁工程整体施工完成后引起支护结构右拱腰位置处应力数值模拟与理论计算值分别为 731.1 kN/m²、657.9 kN/m²，因为数值模拟计算模型包含上部素填土及既有隧道支护结构处的泥岩及下部中风化砂岩三种土层，理论计算模型土层为单一中风化砂岩，容重均较大，所以初始应力值较大。数值模拟结果显示新建地铁工程施工完成后压应力增大量为 265.3 kN/m²，通过理论计算得到的压应力增大量为 142.1 kN/m²，由于单一中风化砂岩弹性模量较大，故既有隧道支护结构应力变化值小于数值模拟应力变化值。因此可推测出由理论计算所得结果较为合理，其应力变化趋势与数值模拟结果较为接近。

（2）车站施工对现有隧道支护结构位移的影响理论计算与数值模拟对比分析

通过数值模拟结果及理论计算结果对比分析可以看出：数值模拟得出的竖向位移曲线与理论计算求出的竖向位移曲线趋势相同，均在车站开挖、始发洞开挖及下穿时曲线斜率较大，随着车站开挖步数的增加，引起支护结构的竖向位移曲线斜率均为逐渐增大,车站开挖完成后引起支护结构 A 点位置处竖向位移数值模拟与理论计算结果分别为 0.6 mm、0.68 mm,新建地铁工程整体施工完成后引起支护结构测点处竖向位移数值模拟与理论计算结果分别为 2.2 mm、1.83 mm,理论计算结果比数值模拟结果小 0.37 mm,一个原因是数值模拟计算模型包含上部素填土及既有隧道支护结构所处的泥岩及下部中风化砂岩三种土层,理论计算模型土层定义为单一中风化砂岩,弹性模量容重均较大,引起支护结构竖向位移较小;另一个原因是数值模拟中既有隧道与地铁工程并非正交,而是呈85°斜交,而计算模型中将两者的位置关系假定为正交关系,故二者对比结果中会出现一定的误差。通过理论计算求出的新建地铁工程施工过程中既有隧道支护结构的应力及位移曲线趋势大体与数值模拟得出的曲线趋势相同,其应力、位移变化趋势和最大位移值均与数值模拟结果较为接近。因此,由理论计算所得结果较为合理,构建的地质力学模型及计算方法合理且实用。

3.4.2 车站施工对下卧既有隧道结构上浮的影响

1)模型的建立

采用 Midas GTS 软件模拟重庆轨道交通 9 号线新建隧道上穿施工对现有隧道稳定性的影响,新建区间隧道为双线双洞隧道,单心圆断面,如图 3.31 所示。新建隧道左右线净距为 12.0 m,内径 5.2 m,外径 5.9 m,采用钢筋混凝土衬砌,管片厚度为 0.35 m,环宽 1.5 m。既有隧道为单线隧道,内径5.9 m,外径6.6 m,衬砌管片厚度为 0.35 m,环宽 1.5 m。新建隧道与既有隧道拱顶埋深分别为 13.5 m 和 25 m,新建隧道正交于既有隧道且位于既有隧道拱顶上方 5.6 m 处。

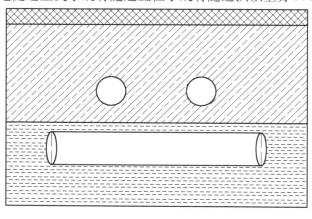

 填土   粉质黏土   细砂

图 3.31　新建隧道地质剖面图

基本假定:将地层视为半无限空间体;岩土体视为均质的、各向同性的连续介质;只考虑自重应力场。

2)计算结果与分析

①既有隧道结构的轴向应力计算结果与分析如图 3.32 所示,从图中可以看出,新建隧道上穿施工影响既有隧道结构,既有隧道结构的最大轴向应力值在拱顶处,为压应力,最小轴向应力值在左侧拱脚处。在左线隧道施工完成后,既有隧道拱顶出现最大拉应力,此时是拱顶受拉破坏的最不利阶段。

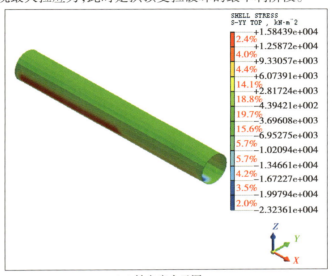

（a）轴向应力云图

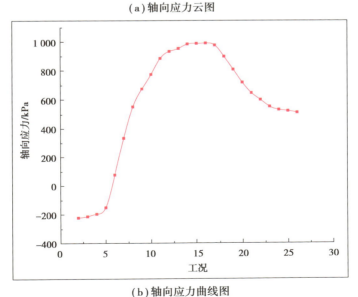

（b）轴向应力曲线图

图 3.32　既有隧道结构轴向应力变化图

②既有隧道结构的米塞斯(MISES)应力计算结果与分析如图 3.33 所示,从图 3.33 中可以看出,新建隧道盾构施工上穿既有隧道时,既有隧道结构的最大米塞斯应力出现在拱腰位置处;受新建隧道施工影响,新旧隧道之间的夹土层受到扰动,造成既有隧道结构的应力变化,应力值随着掘进深度的增加而增大,而在盾构机穿越既有隧道阶段有所下降;当左线施工完毕进行右线施工时,应力值又开始增加,随盾构机穿越既有隧道阶段直至掘进完成应力值逐渐减小。

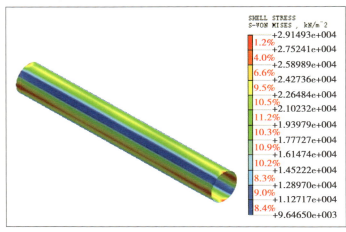

（a）MISES应力云图

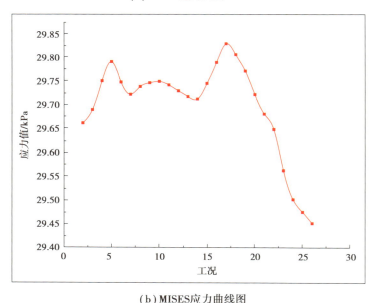

（b）MISES应力曲线图

图 3.33　既有隧道结构 MISES 应力变化图

③既有隧道结构的位移变形分析。既有隧道结构的竖向变形分析如图 3.34

所示,既有隧道结构竖向变形以隆起为主,在新建隧道与既有隧道相交断面处隆起变形量最大。既有隧道结构的纵向变形分析如图 3.35 所示,既有隧道结构的纵向变形指的是沿隧道长度方向的变形,由此可知,既有隧道结构的纵向变形主要发生在拱顶和两拱腰位置处。

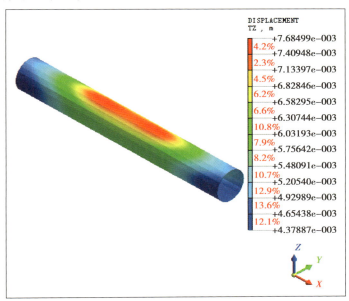

图 3.34 既有隧道结构竖向位移云图

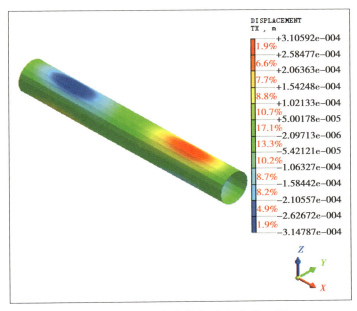

图 3.35 既有隧道结构纵向位移云图

④既有隧道结构的横向变形分析如图3.36、图3.37所示,从图中可以看出,既有隧道横向变形在两拱腰位置处较明显,且位移峰值都为正值。横断面变形表现为"横向压缩、竖向拉伸"。

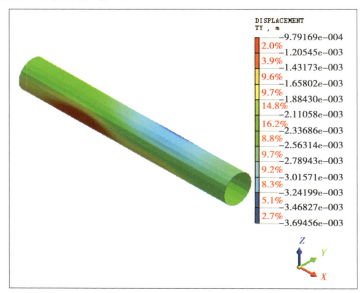

图3.36 既有隧道结构横向变形云图

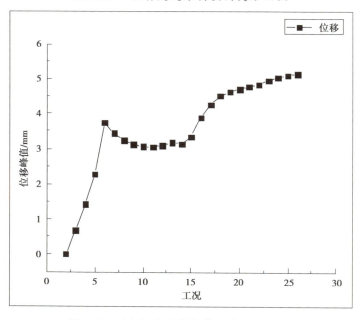

图3.37 既有隧道结构横向变形曲线图

3.5 本章小结

①对于 TBM 迎坡掘进的隧道而言,围岩应力主要集中出现在两隧道拱腰位置处,且两隧道中间岩柱围岩的竖向应力值最大;其次,由于隧道对上部岩土体的开挖卸荷作用,隧道拱顶位置处也出现围岩应力的急剧变化,上述规律即为形成迎坡隧道沉降曲线的力学原理。

②为了对比三种坡度下距地表不同位置处的地层竖向位移,选取地表、地表向下 6.5 m、13 m、17 m 四个位置进行分析,隧道坡度越大,地层竖向位移值越大;其次,随着地层深度增大,沉降曲线由"单峰"变为"双峰",且地层深度越大,沉降曲线受围岩应力的影响越大。

③隧道开挖引起的周围土体变形区域主要位于隧道上方及上方左右两侧,变形以竖向沉降为主,以水平变形为辅,砂土地层呈现出整体较均匀变形模式,竖向与水平方向变形呈隧道轴线对称。

④砂土地层中,隧道掌子面在桩基-隧道中心轴线前时,隧道周围地层变形较小;掌子面位置经过桩基-隧道中心轴线切面后,该切面上地层发生持续变形,直至掌子面位置距离该切面约 2 倍直径后重新达到稳定平衡状态,变形基本完成。

⑤通过理论计算得到的新建地铁工程施工过程中既有隧道支护结构的应力及位移曲线趋势与数值模拟得出的曲线趋势相同,其应力、位移变化趋势和最大位移值均与数值模拟结果较为接近,表明构建的地质力学模型及计算方法合理且实用。

第4章　回填土桩基施工稳定与控制

由于回填土成分复杂、结构松散、力学性质差，因此，在回填土区段修筑地铁时，容易造成隧道塌方、涌水等安全事故，需要对地铁地基回填土进行加固控制。本章以重庆轨道交通9号线台商工业园出入段为工程实例，提出高水位深厚回填土、高敏感建（构）筑物的地质条件优选和回填土地层深长桩基360°回转成桩施工与信息化控制技术，可解决高水位深厚回填土地层成孔困难以及成孔施工工艺质量问题，并提高深长桩基成孔质量。

4.1　工程背景

重庆轨道交通9号线一期工程西起沙坪坝区高滩岩，终点至兴科大道站，途经宝圣湖到达线路终点兴科大道，设台商工业园车辆段、新桥停车场各1座，全长33.876 km，全程标高差约20 m，地形起伏较大，车站与区间隧道围岩为风化砂质泥岩层、土层、松散回填土。

台商工业园出入段线 YRCDK0+306.22～YRCDK0+539.86 以及 YRCDK0+894.425～YRCDK1+87.845 里程范围所处环境复杂、地层条件差、工作量大。台商工业园出入段纵断面如图4.1所示。

重庆轨道交通9号线台商工业园出入段具有以下特点：

①施工段位于深厚回填区，回填厚度为15～63 m，未经夯实处理，土体结构疏散多孔，含有较大孤石，局部含有建筑垃圾。

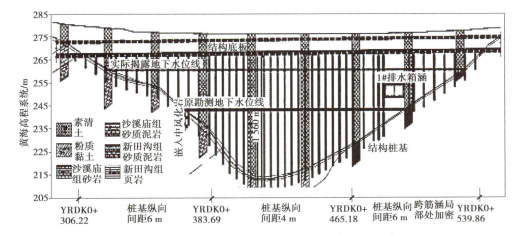

图 4.1　重庆交通轨道 9 号线台商工业园出入段纵断面图

②工程中结构桩共计 231 根,桩径为 1.0 ~ 1.2 m,设计最大桩长 65 m,桩基埋入地下水位为 22 ~ 47 m,地下水位高,桩基工程量大。

③该工程周边存在诸如电力隧道、污水管线等敏感性构筑物,钻孔施工期间需要保证回填土的稳定性,施工质量要求高。

④该段原设计方案采用旋挖机械进行钻孔施工,但出现了严重的塌孔现象,如图 4.2 所示。揭露施工段地层条件为典型的土石混填地层,无自稳能力,地下水位较原勘测地下水位高,旋挖钻施工技术难以满足当前工程复杂敏感环境回填土地层的实际需要。

图 4.2　桩基严重塌孔、漏浆图

4.2 回填土地层深长桩基回转成桩技术

4.2.1 技术特点

①360°全回转全套管钻孔时采用全套管护壁,不会产生塌孔、缩颈等现象,成孔质量好,成孔直径标准,并且成孔垂直度高,可精确到1/500;清孔彻底,速度快,孔底钻渣可清至2.5 cm左右。

②钻孔中不使用泥浆,作业面干净,减小泥浆进入混凝土的可能性,钻孔时无噪声,无振动,对附近的土体扰动较小,节能环保。

③该工法设备简单,操作方便,移动性灵活,所需工作面相对较小,便于管理和控制,机械故障率较低,可有效缩短工期。

④该工法可适用于富水软弱地质、岩溶地区等各类易塌孔地层中桩径为$\Phi500 \sim \Phi2\ 000$ mm的钻孔灌注桩施工以及地质条件复杂的敏感性建(构)筑区,特别适用于环境控制严格的超深桩基成孔施工,最大成孔深度可达120 m,且可实现斜桩成孔施工。

4.2.2 施工工艺流程

(1)旋转切割

机械设备在作业时产生下压力和扭矩,驱动钢套管向下转动,管口的钻头在旋转过程中对土体进行切割,从而使套管不断地往下钻进。

(2)护壁

钢套管自身具有较大的刚度,在设备的垂直压力作用下保持其在旋转钻进过程中与土体紧密贴合,从而起到了护壁的作用。

(3)成孔

在钢套管的护壁作用下,用冲抓斗将管内的土体不断地取出,从而形成了所需的桩孔。

回填土地层深长桩基360°回转成桩技术施工工艺流程如图4.3所示。

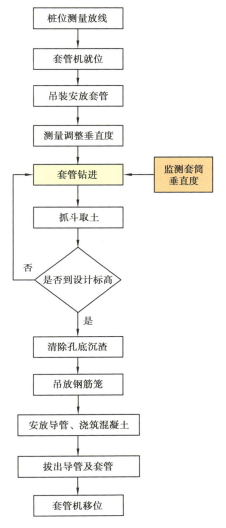

图 4.3 360°全回转全套管成桩工艺流程图

4.2.3 操作要点

1)施工现场准备

①人员准备。施工组织设计中确定的施工组织机构各部门人员集中到位,明确施工准备目标,按项目部各人员的主要职能进行运行,完成对桩基作业人员的组织准备。

②完成对施工机械(具)的保养调试及清洁。保证在进场前机械(具)性能、状态良好。全套管全回转设备调试和检查项目包括:钻机各连接螺栓无松动现

象;燃油、润滑油、液压油、冷却水无渗漏现象;各部钢丝绳无损坏和锈蚀,连接正确;液压装置工作有效;套管和浇注管内侧无明显的变形和损伤,未被混凝土黏结。

③材料准备。完成材料的购买及制订购买计划,保证施工时各种材料及时到位。

④规划、组织运输力量,对进场道路、路线进行考察、落实,采用挖机平整场地。施工现场准备如图4.4所示。

(a)设备就位   (b)设备安全检查

图4.4　施工现场准备

2)测量放样和定位

定位测量设备采用全站仪进行定位测量,现场如图4.5所示,全站仪在测量过程中根据坐标进行引点及桩点的测量,每个点坐标值均为唯一,以单个个体为目标进行定位,消除了以往测量设备在测量过程中容易形成的累计误差,更好地保证了测量的精确性,具体方法如下。

(1)高程控制

①以建设单位提供的高程控制点作为整个施工现场竖向控制的依据,根据施工总平面图和现场勘察结果,制订将高程引测到施工现场的路线和方法。

②根据图纸设计要求,以勘测院提供高程点为准,定出相对标高,对该点进行标志和记录,按三、四等水准测量要求,在施工现场周围的固定物上或地面布设水准点,水准点点位选择稳定、便于通视、不易破坏之处,并做好标志和保护。控制点的标石应用石料或钢筋混凝土制成,并在标石的顶面设置用不锈钢制成的半球状标志,当地基条件比较好时,可以直接在已筑混凝土上埋设测量专用钉。

（a）控制点标志

（b）桩位测量

图 4.5　定位测量现场图

③水准测量根据现场实际情况,采用设置水准点路线往返测量或闭合水准路线的形式进行,具体如图 4.6 所示。闭合差不超过允许值的情况下计算出各个水准点的高程并保存各项记录。

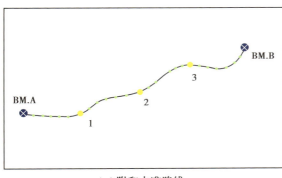
（a）附和水准路线

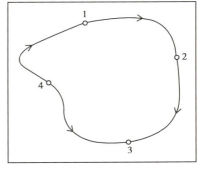
（b）闭合水准路线

图 4.6　水准路线示意图

（2）平面控制

①确认核实甲方提供的平面控制点后,将施工总平面图上各定位角点的施工坐标换算成测量坐标体系中的坐标,从结构等方面推算无误后作为桩基施工测量定位依据。

②放线。细部放线要认真阅读图纸,仔细计算核对桩位坐标,确保桩位坐标的准确性。

（3）工程定位测量

工程定位测量必须由本工程项目经理组织专业测量人员测放。控制点和水准点埋设在不受施工影响的地方,开工前经复核后妥善保护,并定期复核,保证准确。

（4）桩位和地面高程

桩位和地面高程由项目专业技术人员依据基桩轴线和高程引测点用高精度全站仪进行测放，开工前必须进行复核，并进行放桩记录和地面高程记录。

3）桩位保护

①根据计算桩位坐标采用全站仪放出桩位中心后做好保护及复核工作，并请监理单位进行现场复核。

②桩位中心点处用红漆做出三角标志。

③桩位放好后应及时处理保护，打好十字控制桩并做好保护措施，对于碎石地坪施工的采用钢筋打入碎石层中，钢筋顶端刻划十字线，钢筋引桩四周用红油漆做好标志，如图 4.7 所示。

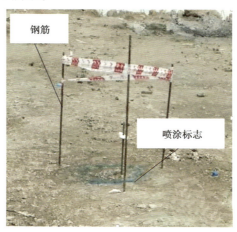

图 4.7　桩位保护示意图

4）钻孔灌注桩成孔套管检查

成孔套管使用前，利用全站仪对套管垂直度进行检查和校正。首先检查和校正单节套管的垂直度，垂直度应小于 0.5%，单节垂直度达到要求后，进行焊接坡口，施工时按序拼装螺栓连接。

5）钻孔灌注桩成孔作业

（1）全回转套管机就位

对齐钻机的定位器中心与钻孔灌注桩桩位中心，调整钻机的水平度，反复调整使钻机在中心与桩位中心对准，现场监理验收。全回转套管机安装如图 4.8 所示。

（2）安装套管

桩机就位后,利用起吊机将钢套管安装至钻孔设备的中心孔洞中(图4.9),钢套管安装好后,采用固定锤球或经纬仪双向进行垂直度复测,垂直度应小于0.5%,满足要求开始成孔。

图 4.8　全回转套管机安装　　　　图 4.9　套管安装

（3）钻孔灌注桩成孔

①套管旋转沉入取土。

启动360°全回转全套管设备,钢套管在设备的下压力和扭转力作用下逐渐往下沉入,钢套管下沉至设计深度后利用冲抓斗将套管内的土取出。地下水位较高时,尽可能将钢套管钻深超过钢套管内的土体面,防止流沙管涌,根据施工实际情况,如发生流沙时可采用水、泥浆或黏土球进行稳压并快速通过。

灌注桩的桩底嵌入基岩时,可用抓斗清除基岩上部土体,旋转套管切削基岩,再利用冲锤破碎,破碎的基岩用抓斗抓出,重复循环,直至达到设计桩底标高,如图4.10所示。

②成孔监测。

成孔过程中,必须随时进行钢套管的垂直度监测,每加接一节钢套管必须进行一次垂直度测量,才可进行焊接作业,必须全过程监控,垂直度发生偏差时及时调整,监测可采用两台经纬仪双向测量垂直度,确保垂直度小于0.5%,如图4.11所示。

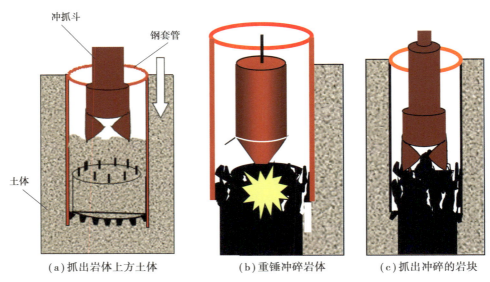

（a）抓出岩体上方土体　　　　（b）重锤冲碎岩体　　　　（c）抓出冲碎的岩块

图 4.10　灌注桩桩底嵌入基岩时的操作过程

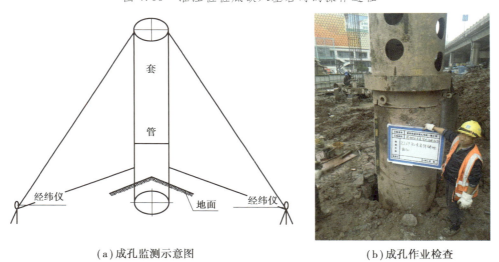

（a）成孔监测示意图　　　　　　　（b）成孔作业检查

图 4.11　成孔作业监测

6）清孔

桩孔钻至设计深度时，开始清孔。孔底的渣土由冲抓斗钢套管内直接取出，一般情况下均能保证孔底泥浆沉淀厚度小于规定值。若泥浆相对密度过大，可能会出现泥浆沉淀过厚的现象，此时应用冲抓斗上下搅动，同时抽换孔内浆液，并用冲抓斗再抓一斗。若下钢筋笼后出现孔底沉浆厚度超标，可以采用混凝土导管附着水管搅动孔底，同时注水换浆。

7）钢筋笼加工制作

钢筋笼主筋钢筋采用机械连接,主筋的搭接以 50% 错开。钢筋笼制作前,应将主筋校直、除锈,下料长度确保准确。钢筋笼纵向钢筋如采用焊接的方式,双面焊缝长 $\geq 5d$,单面焊缝长 $\geq 10d$,主筋接头间距应大于 1 200 mm,同一截面上的接头不得多于总数的 50%。箍筋采用螺旋箍。Ⅰ 级钢筋采用 E43 焊条,Ⅱ 级钢筋采用 E50 焊条。制作好的钢筋笼应摆放在平坦地段防止变形,且应平卧堆放,堆放高度不得超过 2 层。

8）声测管安装

声测管绑扎在钢筋笼加强筋内侧,沿钢筋笼周长方向等间距埋设三根,与钢筋笼同步分段安装,底部和接头应密封,如图 4.12 所示。焊接钢筋时避免焊液流溅到管壁或接头上,以保证在进行超声波检测时管道应通畅。声测管埋设深度一般与钢筋笼末端平齐,其上端延伸至桩顶地面以上为 30～50 cm,并与 3 根 $\Phi16$ 钢筋绑扎在一起,桩顶以上的声测管采用钢筋笼加强箍与 3 根 $\Phi16$ 钢筋纵向钢筋固定,浇筑水下混凝土前往管内灌注清水,同时确保管内被灌满。

9）钢筋笼安装

吊装钢筋笼前应对钢筋笼进行检查,检查内容包括长度、直径、焊点变形等是否满足设计要求,检查满足要求后可开始吊装,吊装采用履带吊 3 点缓慢起吊,严防钢筋笼变形,如图 4.13 所示。钢筋笼分多节吊装时,为保证钢筋焊接质量,接头必须满足设计及施工规范要求,钢筋笼的保护块采用滚轮式的高强度水泥砂浆,防止起拔钢套管时将钢筋笼带上,同时在钢筋笼顶部绑上测绳以便在拔钢套管时可实时监控钢筋笼的情况;钢筋笼外径与钢套管内径应有一定的空隙,空隙一般不小于 50 mm。

图 4.12　声测管安装

图 4.13　钢筋笼安装

10)混凝土灌注

(1)安装混凝土导管

混凝土灌注导管必须进行闭水试验,闭水试验压力不少于 3 MPa,混凝土导管采用 $\Phi300$ 螺纹联接钢导管,如图 4.14(a)所示,各节导管应扣紧以防止漏气堵管,混凝土导管底部离孔底 300 ~ 500 mm。

(2)灌注混凝土

混凝土导管安置完毕后,开始浇筑混凝土。灌注前的准备包括泵车输送是否顺利及贮料斗先用水湿润,进行现场混凝土坍落度试验并制作混凝土试块,如发现混凝土和易性变差、坍落度达不到设计及施工工艺要求,应丢弃该批混凝土,检查完毕一切正常后进行首次上料。贮料斗内的堵头采用圆形钢板,用细钢丝绳悬吊。首次上料应保证不得少于初灌量,首次灌注完成,混凝土导管应处在埋深 1.5 m 以上的位置。

灌注过程要连续进行,不得中断,过程如图 4.14(b)所示。单桩混凝土灌注时间不宜超过 8 h,尽量缩短混凝土灌注时间,以防止桩孔内顶层混凝土失去流动性,提升困难,造成质量事故。灌注过程中应及时测量灌注混凝土的高度,以指导导管的起拔和拆卸。导管应勤提勤拆,一次提管拆管不得超过 10 m。灌注时导管应始终埋在混凝土中,严禁将导管拔出混凝土面,混凝土内应埋管 2 ~ 4 m 深度。

重复上述过程,直至孔内混凝土浇筑至设计标高,灌完后拆除混凝土导管。每次拆除的混凝土导管应马上进行清水冲洗,为下次混凝土灌注做准备。

(a)安装导管　　　　　　　　　　　　(b)混凝土浇筑

图 4.14　混凝土灌注现场

4.3 全回转全套管信息化施工与控制方法

由于常规 360°全回转全套管成孔技术施工主要依靠人工进行施工要点控制,容易出现人为误差,本工程建立复杂地质条件和高度敏感建(构)筑物下自动化、信息化的深长桩基成孔技术,通过精准倾斜报警系统、三轴速度传感器技术和自动化变形监测系统对 360°全回转全套管设备成桩施工要点进行信息化监控,有效减少成孔过程中对地层的扰动,减少地表建筑物沉降变形。

4.3.1 技术特点

①护筒垂直度自动监测及报警:采用倾斜传感器监测护筒正交 4 个方向上的倾斜角度,当某个方向的倾斜角度超过预设角度时,通过相应的 LED 灯闪烁进行报警。

②自动记录护筒钻进速度和旋转角速度,并建立了护筒下沉速度、旋转速度(扭矩)、深度、地层土体物理参数关系的数据库:分别采用安装在护筒上端的三轴速度传感器测出护筒的速度参数,通过 GPRS 模块将数据实时传到护筒速度与地层关系处理软件中,并画出护筒钻速在地层中的曲线图,可直观地看出钻速与地层土体物理参数之间的关系。

③敏感建(构)筑物自动化监测:在敏感建(构)筑物外表面安装表面固定式倾斜计,自动监测其倾斜变形情况,并采用采集模块、DTU 手机上网模块以及数据分析软件,实时采集、分析处理数据,并可实时向多个远程云端计算机发送各种动态信息,如预警、警报等。

4.3.2 施工工艺流程

360°全回转全套管施工要点信息化监控流程图如图 4.15 所示。

4.3.3 工法操作要点

1)敏感建(构)筑物变形云监测施工要点

(1)组建自动化综合监测与数据传输系统

连接表面固定式倾斜计与采集单元,如图 4.16(a)所示,根据监测要求,设置起始时间、间隔时间等系统参数。深长桩基成孔影响范围内敏感建(构)筑物所有采集单元组网连接,现场设置采集模块如图 4.16(b)所示,分布式连接所有监测单元。连接采集模块与 DTU 手机上网模块,利用 GPRS 网络或 Internet 网络实现云监测平台与各采集单元的无线连接,并将变形数据实时传输到云端平台。

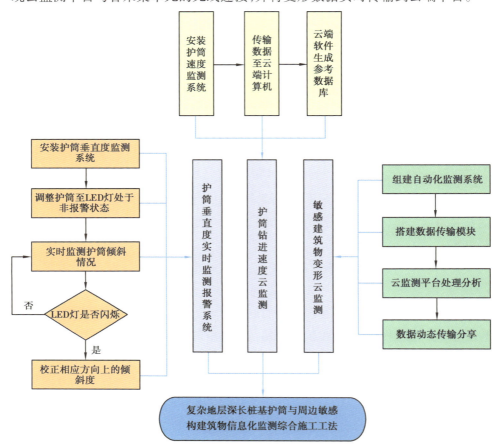

图 4.15　360°全回转全套管施工要点信息化监控流程图

（a）表面固定式倾斜计

（b）网络数据采集系统

图 4.16　自动化综合监测与数据传输系统

（2）云监测数据分析与共享

云端平台可实时处理接收到的现场变形数据。通过 Internet 网络,云端平台在不同终端根据账户权限分配,实现实时系统管理、监测控制、数据采集、数据存储、数据动态分析、走势图绘制显示、监测报表打印、变形预警等一项或多项功能。第三方监测单位、建设单位、监理单位、科研部门等均可实时获取建筑物变形动态,以便及时制订建筑物变形应对方案。2017 年 10 月部分监测数据如图 4.17 所示。

数据统计			
当次累计正方向最大统计	测点编号 714004	变化量	1.47 mm
当次累计负方向最大统计	测点编号 W2-07	变化量	−0.75 mm
最大变化速率统计	测点编号 W3-01	变化量	0.030 mm/d

图 4.17 云监测平台监测数据走势图

2）护筒垂直度实时监测报警系统施工要点

（1）倾斜传感器与蜂鸣器搭建与安装

护筒垂直度实时监测报警系统由 4 个倾斜传感器、4 个相应的 LED 灯、Arduino 开发板组成,如图 4.18 所示。将 4 个传感器安装在一个与护筒外直径大小相同的钢圈中(图 4.19),保证传感器分别监测护筒 4 个正交方向上的倾斜角度,并连接相应的 LED 灯,通过 Arduino 控制程序设置好每个方向的最大倾斜角度和 LED 灯,保证 4 个 LED 灯的灯光具有区分度,做好对应编号。施工前将该钢圈套在护筒的上端,并将钢圈上的 3 个卡具卡在护筒上端开口处,保证装置与护筒紧密接触,不断调整护筒的垂直度直至 LED 灯都处于非警报状态,随着护筒钻进至与 360°全回转全套管接近平齐时,取下该钢圈,并将下一个护筒安装到已钻进的护筒上端,同时把钢圈套在新护筒的上端,如此循环直至钻进设计高程。

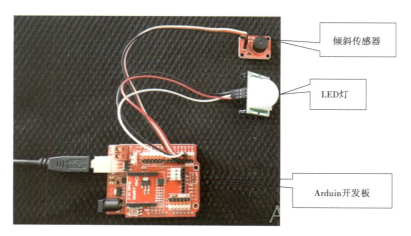

图 4.18　护筒垂直度实时监测报警系统效果图

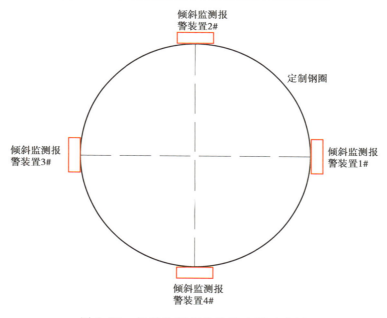

图 4.19　倾斜监测报警装置布置示意图

（2）垂直度校正

护筒在钻进过程中在某一方向或者多个方向出现超过预设最大倾斜角度时，相应的 LED 灯会闪烁报警，根据发光颜色判断出哪个方向需要进行角度校正。需要进行护筒垂直度校正时，可利用 360°全回转全套管本身的校正功能对护筒进行垂直度调整，直至所有 LED 灯都处于非报警状态。

3）护筒钻进速度云监测施工要点

（1）组建速度监测系统

护筒速度监测与数据传输系统主要由三轴速度传感器、Arduino 开发板、GPRS 模块等组成，如图 4.20 所示。将三轴速度传感器、GPRS 模块安装在一个与护筒外直径大小相同的钢圈中。施工前将该钢圈套在护筒的上端，通过钢圈上 3 个卡具卡在护筒上端开口处，保证速度传感器与护筒紧密接触。随着护筒钻进至与 360°全回转全套管接近平齐时，取下钢圈，并将下一个护筒安装到已钻进的护筒上端，同时把钢圈套在新护筒的上端，如此循环直至钻进设计高程。

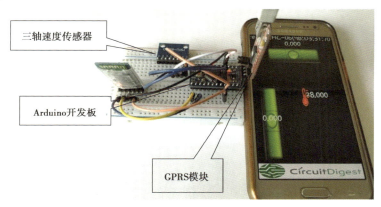

图 4.20　护筒钻进速度云监测系统效果图

（2）数据传输与参考数据库建立

根据监测精度要求，设置数据传输时间间隔等系统参数，完成自动化传输。速度监测数据借助 GPRS 模块，动态监测控制程序面板如图 4.21 所示，通过 GPRS 网络传输到云端计算机中，利用 C++语言编写的软件绘制出护筒下沉速度、旋转速度（扭矩）、深度、地层土体物理参数之间的关系，并建立好参考数据库。现场操作人员可根据实时的护筒下沉速度、旋转速度、地层土体物理参数之间的关系，及时判断出当下较为合理的护筒钻进参数，如扭矩力等。尤其是在复杂的地质条件深长桩基成孔中，如在深厚回填土高水位地层，护筒的钻进参数需要不断地改变，通过实时反馈进行调整。

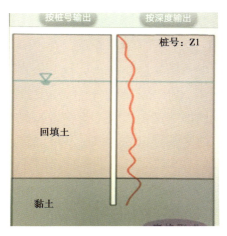

图 4.21　护筒钻进动态监测控制程序面板

4.4　本章小结

①针对高水位深厚回填土地层桩基成孔难题,优化了 360°全回转全套管钻孔施工工艺,成功解决了高水位深厚回填土地层成孔难题以及成孔施工工艺质量问题,提高了深长桩基成孔质量。

②护筒减小了钻孔时对附近土体的扰动,钻孔中不使用泥浆,作业面干净,避免了泥浆进入混凝土的可能性,同时具有无噪声、无振动等特点,节能环保,适合在市区和地址复杂地区采用。

③该方法成孔垂直度高,精确到 1/500,清孔彻底,速度快,孔底钻渣可清至2.5 cm 左右,对桩基的质量控制较好。

④建立了复杂地质条件和高度敏感建(构)筑物下自动化、信息化的深长桩基成孔技术,通过精准倾斜报警系统、三轴速度传感器技术和自动化变形监测系统对 360°全回转全套管设备成桩施工要点进行信息化监控,有效减少了成孔过程中对地层的扰动,减少了地表建筑物沉降变形。

第5章　地铁车站暗挖围岩减震控制爆破技术

地铁工程暗挖施工过程中,对于建筑物密集的施工区域,需要采取爆破减震控制措施,能够有效保护城市主要交通干道、周边建筑物以及地下结构物等安全,常见的爆破减震控制技术主要通过优化掏槽孔位置、炸药及装药方案、分次分段打眼、装药、起爆、光面爆破以及密孔爆破等方法实现。本章以重庆轨道交通9号线邮轮母港站为工程实例,基于CD法和台阶法提出地铁车站暗挖围岩减震控制爆破优化方案,有效控制了地表既有结构振动速度,减少了炸药单耗,提高了施工效率。

5.1　工程背景

邮轮母港站为重庆轨道交通9号线一期工程第26座车站,是保税港站—何家梁站区间隧道新增车站,中心里程为右YDK22+632.0,全长176 m,以Ⅳ级砂泥岩为主,岩体较破碎,对原有区间隧道进行原位扩挖形成站台主体,原位扩挖段长度209.1 m,两站台隧道之间的净距仅5.7 m,施工平面图和横断面图如图5.1、图5.2所示。

邮轮母港站采用厅台分离侧式车站,车站站台层改造长度176 m,侧站台标准段总宽10.7 m,中心里程处车站轨面埋深约43.6 m。北侧设置3个出入口,南侧设置一个地下通道连通南侧地块。站厅层南侧设站前广场,1、2号出入口位于车站北侧向规划商业地块和居住地块延伸。此外,本站共设置2组风亭组,风亭组口部设置在车站的站前广场。

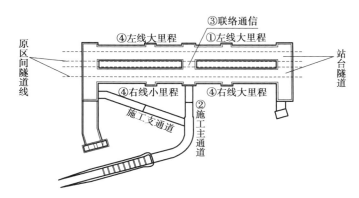

图 5.1　邮轮母港站原位扩挖施工平面图

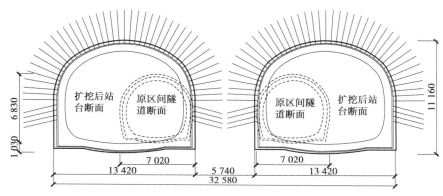

图 5.2　区间隧道原位扩挖方案图(单位:mm)

重庆轨道交通 9 号线邮轮母港站特点如下:

①场地工程条件:邮轮母港站勘察区出露的岩层为一套强氧化环境下的河湖相碎屑岩沉积建造,由砂岩-砂质泥岩不等厚的正向沉积韵律层组成,以紫红色、紫褐色砂质泥岩、灰色-灰白色砂岩为主。

②水文地质条件:邮轮母港站基岩为砂岩和砂质泥岩互层的陆相碎屑岩沉积建造,含水微弱。地下水主要为大气降雨补给,沿线地下水可划分为松散层孔隙水和基岩裂隙水两类。

③既有衬砌结构混凝土强度高,爆破拆除难度大,隧道原位扩挖轮廓控制难度大。衬砌结构含钢筋与型钢,前期区间工程系统锚杆与围岩形成整体,相同围岩条件下拆除原二衬需要的炸药单耗量是新建隧道围岩开挖所用量的 1.2~1.5 倍。

考虑施工现场邻近结构存在油库、挡墙以及衬砌结构,需要严格控制爆破施工振动速度,针对地铁区间隧道衬砌拆除和区间隧道断面原位扩挖两个工程难题,本工法结合有限元数值模拟优化爆破方案,提出利用爆破冲击力快速拆除原隧道结构。

5.2 控制爆破参数计算

控制爆破中预裂孔的不耦合系数 K_v、线装药密度 q_1、炮孔间距 a 等是其主要爆破参数,主要爆破参数与岩石的物理力学性质、炸药性能和地质构造相关。

5.2.1 不耦合系数

对于预裂控制爆破,确保炮孔壁不出现压碎,要求爆生气体的压力满足以下要求:

$$P \leqslant \sigma_{c\,max} \tag{5.1}$$

式中,P 为爆生气体的压力,MPa;$\sigma_{c\,max}$ 为岩石的抗压强度,MPa;

同时,爆破时,应在炮孔周围能形成一定数量的微裂纹,才能形成预裂缝,应满足:

$$P_2 \geqslant \sigma_{tt\,max} \tag{5.2}$$

式中,P_2 为冲击压力,MPa;$\sigma_{tt\,max}$ 为岩石的极限动抗拉强度,一般为抗拉强度的 $1.3 \sim 1.5$ 倍,MPa。

因此,预裂控制爆破需满足式(5.1)—式(5.2),则不耦合系数 K_v 可由式(5.3)计算:

$$\begin{cases} P_L \cdot \left(\dfrac{P_0}{P_L}\right)^{\frac{\gamma}{k}} \cdot \left(\dfrac{1}{K_v^2}\right)^{\gamma} + \dfrac{P_0}{(k+1)} \cdot \left(\dfrac{1}{K_v^2}\right)^2 \leqslant \dfrac{\sigma_{c\,max}}{C_f} \\ \dfrac{P_0}{(k+1)} \cdot \left(\dfrac{1}{K_v^2}\right)^2 \geqslant \dfrac{\sigma_{tt\,max}}{C_f} \end{cases} \tag{5.3}$$

式中,P_L 为临界压力,即爆生气体等熵膨胀过程中冷压强占主导地位的压力,通常取 $P_L = 2 \times 10^5$ MPa;P_0 为爆生气体的初始平均压力,MPa;k 为炸药的绝热等熵指数,凝聚态炸药通常取值为3;γ 为空气的理想绝热指数,$\gamma = 1.3$;C_f 为系数,近似取 $C_f = 1.1 \sim 1.2$。

5.2.2 线装药密度

线装药密度由式(5.4)计算:

$$q_1 = \frac{1}{1\,000}\pi r^2 \cdot q_v = \frac{1}{1\,000}\pi r^2 \cdot \frac{\rho_0}{K_v^2} \tag{5.4}$$

式中,q_1 为线装药密度,kg/m;r 为炮孔半径,mm;q_v 为体积装药密度,g/cm³;ρ_0 为炸药的密度,g/cm³;K_v 为不耦合系数。

5.2.3 炮孔间距

岩石断裂初期,炮孔周围开始形成一个应力场,由弹性理论可得炮孔的径向应力与切向应力:

$$\left.\begin{array}{l} \sigma_r = -P \cdot \dfrac{r^2}{l^2} \\[2mm] \sigma_\theta = P \cdot \dfrac{r^2}{l^2} \end{array}\right\} \quad (l \geqslant r) \tag{5.5}$$

式中,σ_r 为径向应力,MPa;σ_θ 为切向应力,MPa;l 为炮孔周边任意一点到炮孔中心的距离。

当 σ_θ 超过岩石的极限动抗拉强度时,岩石将出现破坏裂纹;当 $\sigma_\theta < \sigma_{tt\,max}$ 时,裂纹将停止发展,所以炮孔中初始裂纹半径 r_a 为

$$r_a = \sqrt{\frac{P}{\sigma_{tt\,max}}} \cdot r \tag{5.6}$$

初始裂纹形成以后,在静态压力 P_1 作用下裂纹进一步扩展,使裂纹贯穿形成宏观裂缝的必要条件:

$$P_1 \cdot 2r = (a - 2r_a)\sigma_{tt\,max} \tag{5.7}$$

即

$$a = 2r_a + \frac{2P_1}{\sigma_{tt\,max}}r = 2r\sqrt{\frac{P}{\sigma_{tt\,max}}} + \frac{2P_1}{\sigma_{tt\,max}}r \tag{5.8}$$

式中,r 为炮孔半径,mm;P 为爆生气体作用于孔壁上的实际压力,$P = C_f P_c'$;P_1 为炮孔内静态压力,$P_1 = C_f P_1'$。

5.3 车站暗挖减震控制爆破方法

5.3.1 施工步序

(1)衬砌拆除

机械拆除二衬混凝土大小里程端各 25 m,保留与拆除二衬间保持安全距离,

环向、纵向切割二衬混凝土,深度为混凝土厚度,确保钢筋切断。

（2）防护墙砌筑

车站大小里程端采取混凝土加砌块砌筑 8 道防护墙（每个洞 4 道）。

（3）模拟验证

人工机械局部切割钢筋混凝土二衬,利用有限元数值软件模拟车站主体原位扩挖的爆破开挖过程,确定二衬切割缝的割缝间距,初步确定主体车站原位扩挖采用 CD 法和台阶法开挖的减震爆破参数。

（4）现场试爆

对数值研究确定的减震控制爆破参数进行现场试爆,分次分段起爆,动态监测区既有隧道的振动速度,并观测其结构安全,不断调整爆破参数和原位扩挖段区间隧道二衬的切割缝间距。

（5）参数设计

设计暗挖区间隧道原位扩挖地铁车站减震控制爆破参数。

本工法适用于原位扩挖隧道的钻爆法施工、存在近接结构的隧道爆破法施工,更适用于存在二衬拆除的城市地铁隧道的原位扩挖。

5.3.2 工艺流程

邮轮母港站暗挖减震控制爆破工法工艺流程如图 5.3 所示。

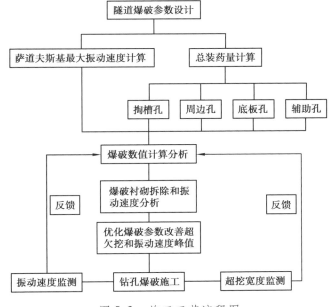

图 5.3 施工工艺流程图

5.3.3 施工操作要点

1) 萨道夫斯基最大振动速度计算

爆破振动速度影响因素较多,主要受隧道爆破开挖进尺、掏槽形式、装药量及其结构的影响。爆破振动理论计算通常采用萨道夫斯基经验公式:

$$V = K \left(\frac{Q^{\frac{1}{3}}}{R} \right)^{\alpha} \tag{5.9}$$

式中,V 为质点最大振动速度,cm/s;Q 为起爆装药量,kg;R 为爆心距,m;K 为围岩介质系数,由测震试验确定;α 为振动衰减系数,由测震试验确定。

隧道爆破在不同围岩强度条件下,围岩介质系数 K 和振动衰减系数 α 的取值相差很大,见表 5.1。隧道爆破振速的控制值(3.0 cm/s 以内),爆心距 R 根据工程实际确定。

表 5.1　爆破岩性 K、α 值表

序号	围岩强度	K	α	修正 α
1	坚硬岩石	50 ~ 150	1.3 ~ 1.5	1.3 ~ 1.5
2	中硬岩石	150 ~ 250	1.5 ~ 1.8	1.3 ~ 1.8
3	软岩石	250 ~ 350	1.8 ~ 2.0	1.3 ~ 1.8

2) 车站主体 CD 法原位扩挖工法

车站站台层标准断面均采用 CD 法施工,共分为 1 部、2 部、3 部、4 部(图 5.4)。隧道分为左右两大部分进行开挖,隧道一侧采用台阶法自上而下分层开挖,该侧初期支护完成且喷射混凝土达到设计强度 70% 以上时,以相同分部次数及支护形式分层开挖隧道另一侧。每个断面为一个闭合的施工单元,各个台阶间纵向距离为 3 ~ 5 m。围岩情况较差时,拱部采用 Φ42 超前小导管对拱部地层进行超前注浆预加固。

邮轮母港站台隧道 CD 法开挖的具体步序为:

①机械切割原区间隧道二次衬砌。原位扩挖段原区间隧道二衬采用切割机进行切割。型钢制作操作台车作为切割操作平台,人工分块分区切割二衬混凝土,切割缝纵向平均间距初定为 1.5 m、环向间距初定为 3 m,切割缝深度为二衬厚度的一半,利用垮塌围岩重量将衬砌结构压垮。车站范围外道床保护混凝土施工图如图 5.5 所示。

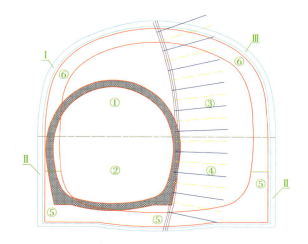

站台隧道CD法扩挖施工步序图

(a) 站台隧道CD法原位扩挖施工步骤图

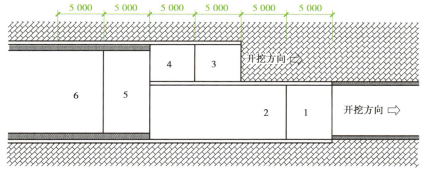

(b) 站台隧道CD导坑开挖步序平面图

图 5.4　站台隧道 CD 开挖示意图

②左部导洞 1 的开挖。Ⅰ. 该部初期支护;拱架Ⅰ及临时支护 Φ25 砂浆锚杆。

③左部导洞 2 的开挖。Ⅱ. 该部初期支护;拱架Ⅱ及临时支护 Φ25 砂浆锚杆。

④右部导洞 3 的开挖。Ⅲ. 该部初期支护。

⑤右部导洞 4 的开挖。Ⅳ. 该部初期支护。

⑥仰拱钢筋混凝土浇筑。Ⅴ. 该部初期支护。

⑦施工侧墙及拱顶二次衬砌,中柱与二衬同时浇注。

中隔墙设置临时 18 号工字钢与主体钢架对应形成导坑初期支护的加强措施,主体钢架与中隔墙临时钢架焊接连接。中隔墙的临时支护参数为:Φ25 砂浆锚杆、长 2.5 m、环向间距 1.0 m、纵向 0.6 m、梅花型布置,C25 喷混凝土 200 mm,ϕ8 钢筋网 200 mm×200 mm。中隔墙临时 Ⅰ18 工字钢拱架纵向以 Φ22 钢筋连接,钢筋环向间距为 1.0 m。

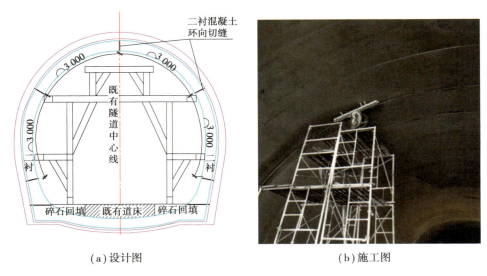

| (a) 设计图 | (b) 施工图 |

图 5.5　车站范围外道床保护混凝土施工图

施工中一次进尺长度根据围岩稳定程度适当调整,每循环进尺不超过 2.0 m,仰拱应超前拱墙施作,仰拱施作应各段一次成型,不得分部灌注。临时支撑在二衬施作前均不得拆除,支撑拆除时按照"先顶后拆"原则进行,用临时支撑顶住钢拱架Ⅰ与顶拱相接处,再拆除临时钢拱架Ⅰ。

拆除临时支撑时加强对围岩沉降及变形等监控量测,初支收敛变形稳定后,分段拆除,拆除长度满足隧道内防水板、钢筋绑扎及二衬施工要求即可。本工程采取挖掘机扒渣排险,装载机装渣,自卸车运至指定弃渣点。

工程爆破施工作业专门委托具有相应资质的公司编制了爆破施工方案,原设计方案为采用浅孔密眼弱爆破拆除二衬混凝土,炮眼布置如图 5.6 所示。

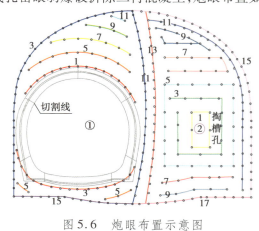

图 5.6　炮眼布置示意图

地铁隧道原位扩挖爆破进尺为 1.5 m。基于有限元 ANSYS/LS-DYNA 建立三维模型的爆破原位扩挖的模拟,效果如图 5.7 所示,结果表明:本工法提出的爆破参数,区间隧道爆破后原位扩挖,隧道拱顶区域最大超挖量为 15 cm,边墙区域最大超挖量为 7 cm,仰拱区域最大超挖量为 5 cm。

根据爆破地震波传播规律,隧道轴线正上方地表向下每隔 10 m 取一个计算监测点(图 5.8),共计 5 个测点,隧道轴线正上方地表向右每隔 10 m 取一个计算监测点,共计 5 个测点。计算爆破

图 5.7 数值模拟爆破效果图

荷载作用下不同深度处测点和地表测点爆破振动速度峰值(PPV,爆破中心距地表 47.2 m),见表 5.2 和表 5.3。距离爆炸中心最近处测点 PPV 最大,X、Y、Z 方向 PPV 分别为 7.83 cm/s、7.36 cm/s、4.82 cm/s,质点矢量合振动速度 11.77 cm/s,PPV 随距爆心距离增大而逐渐减小。地表处受边界自由度的影响 PPV 增大,X、Y 和 Z 方向 PPV 分别为 3.00 cm/s、4.15 cm/s 和 4.17 cm/s,质点矢量合振动速度为 5.33 cm/s。PPV 随测点距离轴线中心距离增加而减小。爆炸中心轴线处测点 PPV 最大,X、Y 和 Z 方向 PPV 分别为 3.00 cm/s、4.15 cm/s 和 4.17 cm/s,其质点矢量合 PPV 为 5.33 cm/s。测点 H5 距离爆炸中心轴线 40 m,质点矢量合振动速度为 2.40 cm/s。数值模型中未考虑原位扩挖隧道邻近的原区间隧道对爆破振动速度的减弱影响,使模拟所得爆破振速偏大,计算结果偏于安全。因此,按照表 5.4 所设计的爆破药量和图 5.6 的炮眼布置图进行爆破施工,能有效地控制原位扩挖隧道围岩中的地表振动速度,地表结构振动速度能控制在 3.0 cm/s 以内。

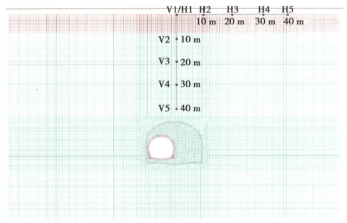

图 5.8 振动速度测点位置图

表 5.2 不同深度处测点爆破振动速度峰值 PPV

编号		爆炸中心距 /m	PPV/(cm·s⁻¹)			
			V_x	V_y	V_z	V_r
1	V1	47.2	3.00	4.15	4.17	5.33
2	V2	37.2	2.24	2.12	3.02	3.45
3	V3	27.2	2.45	3.04	3.6	4.36
4	V4	17.2	5.44	4.06	3.08	6.71
5	V5	7.2	4.82	7.83	7.36	11.77

表 5.3 地表测点爆破振动速度峰值 PPV

编号		爆炸中心平距 /m	PPV/(cm·s⁻¹)			
			V_x	V_y	V_z	V_r
1	H1	0	3.00	4.15	4.17	5.33
2	H2	10	2.24	1.05	2.70	3.53
3	H3	20	1.97	2.12	2.02	2.92
4	H4	30	1.46	1.97	2.47	2.83
5	H5	40	0.72	1.03	2.13	2.40

表 5.4 CD 法原位扩挖炮眼装药统计表

部位	眼别	段别	孔数/个	装药集中度 /(kg·m⁻¹)	单孔装药量 /kg	单段装药量 /kg
1. 左侧导坑	辅助眼	1	16	0.67	1	16.0
		3	17	0.67	1	17.0
		5	14	0.33	0.5	7.0
		7	7	0.33	0.5	3.5
		9	4	0.33	0.5	2.0
		11	24	0.33	0.5	12.0
	周边眼	13	30	0.23	0.35	10.5
	底板眼	15	15	0.33	0.5	7.5
小计			127			75.5

续表

部位	眼别	段别	孔数/个	装药集中度/(kg·m^{-1})	单孔装药量/kg	单段装药量/kg
2.右侧导坑	辅助眼	1	21	0.33	0.5	10.5
		3	21	0.33	0.5	10.5
		5	20	0.33	0.5	10.0
		7	19	0.33	0.5	9.5
		9	18	0.33	0.5	9.0
		11	17	0.33	0.5	8.5
		13	15	0.33	0.5	7.5
	周边眼	15	29	0.23	0.35	10.15
	底板眼	17	14	0.33	0.5	7.0
小计			154			82.65

数值模拟确定的隧道二衬切割及减震爆破参数,CD 法原位扩挖施工效果如图 5.9 所示。

图 5.9 CD 法施工效果图

3)车站主体台阶法原位扩挖工法

台阶法类似于 CD 法,切割原位扩挖段区间隧道二衬,理论计算后利用 AN-SYS/LS-DYNA 三维数值模拟,按照图 5.10 进行炮眼布置,可得台阶法原位扩挖隧道爆破效果分析图如图 5.11 所示。

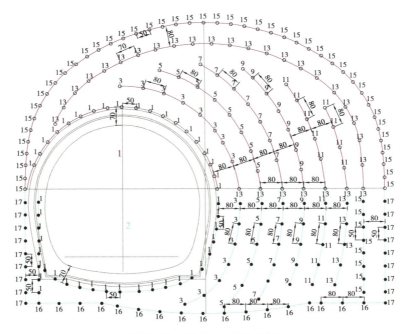

图 5.10　炮眼布置示意图

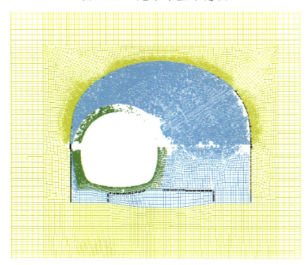

图 5.11　台阶法原位扩挖隧道爆破效果分析图

隧道拱顶区域最大超挖量为 11 cm,边墙区域最大超挖量为 7 cm。数据表明:衬砌结构切割后,区间隧道采用台阶法进行原位扩挖爆破施工,拱顶区域最大超挖量为 9 cm。

运用台阶法计算隧道开挖法爆破振动速度,得到爆破振动速度时间历程变化曲线,其中,隧道轴线正上方地表向下每隔 10 m 布置一个计算监测点,共计

4 个测点,隧道轴线正上方地表向右每隔 10 m 布置一个计算监测点,共计 4 个测点,计算结果测点位置,如图 5.12 所示。

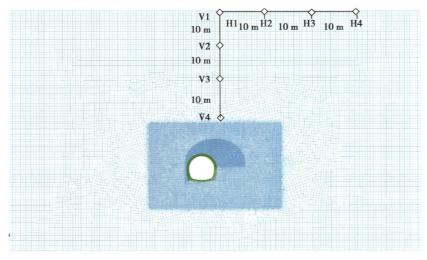

图 5.12　测点位置图

爆破荷载作用下,不同竖向深度处测点(V1 ~ V4)和地表不同位置测点(H1 ~ H4)振动速度值,见表 5.5 和表 5.6。从表中可知,隧道开挖爆破采用台阶法施工,隧道开挖爆破进尺为 1.5 m,计算得地表水平测点爆破振动速度,距离爆炸轴线中心地表处测点振动速度最大,X 方向最大质点振动速度值为 2.45 cm/s,Y 方向最大质点振动速度为 3.04 cm/s,Z 方向最大质点振动速度为 3.6 cm/s,质点矢量合振动速度为 4.36 cm/s。不同竖向深度处测点爆破振动速度,距离爆炸中心最近处测点振动速度最大,其中,X 方向最大质点振动速度值为 4.82 cm/s,Y 方向最大质点振动速度为 7.83 cm/s,Z 方向最大质点振动速度为 7.36 cm/s,质点矢量合振动速度为 11.77 cm/s。

表 5.5　不同深度处测点爆破振动速度峰值 PPV

编号		PPV/(cm · s^{-1})			
		V_x	V_y	V_z	V_r
1	V1	−2.45	−3.04	3.6	4.36
2	V2	3.82	−2.8	3.17	4.24
3	V3	−3.93	2.26	3.47	4.09
4	V4	4.82	−7.83	−7.36	11.77

表5.6　地表测点爆破振动速度峰值 PPV

编号		PPV/(cm·s⁻¹)			
		V_x	V_y	V_z	V_r
1	H1	−2.45	−3.04	3.6	4.36
2	H2	1.97	−2.12	−2.02	2.92
3	H3	1.46	−1.97	−2.47	2.83
4	H4	−0.72	1.03	2.13	2.40

按照表5.7所列的设计爆破药量和图5.10的炮眼布置图进行爆破施工,有效控制原位扩挖隧道围岩中的地表振动速度,地表结构振动速度能控制在3.0 cm/s以内。经理论计算和数值模拟,确定采用台阶法原位扩挖施工爆破的装药量见表5.7。

表5.7　台阶法原位扩挖炮眼装药统计表

部位	眼别	段别	孔深/m	孔数/个	单孔药卷数/个	装药集中度/(kg·m⁻¹)	单孔装药量/kg	单段总装药量/kg	装药方式
1	辅助眼	1	1.5	19	19	0.67	1	19	反向
		3	1.5	8	8	0.4	0.6	4.8	反向
		5	1.5	8	8	0.4	0.6	4.8	反向
		7	1.5	7	7	0.4	0.6	4.2	反向
		9	1.5	7	7	0.4	0.6	3.6	反向
		11	1.5	9	9	0.4	0.6	4.2	反向
		13	1.5	22	22	0.4	0.6	1.2	反向
	底板眼	13	1.5	7	7	0.4	0.6	4.2	反向
	周边眼	15	1.5	43	43	0.27	0.4	17.2	串药
小计				130				63.2	

续表

部位	眼别	段别	孔深/m	孔数/个	单孔药卷数/个	装药集中度/(kg·m⁻¹)	单孔装药量/kg	单段总装药量/kg	装药方式
2	辅助眼	1	1.5	26	3	0.4	1.0	26	反向
		3	1.5	7	3	0.4	0.6	4.2	反向
		5	1.5	6	3	0.4	0.6	3.6	反向
		7	1.5	6	3	0.4	0.6	3.6	反向
		9	1.5	5	3	0.4	0.6	3	反向
		11	1.5	5	3	0.4	0.6	3	反向
		13	1.5	5	3	0.4	0.6	3	反向
		15	1.5	8	3	0.4	0.6	4.8	反向
	底板眼	16	1.5	17	3	0.4	0.6	10.2	反向
	周边眼	17	1.5	18	2	0.4	0.4	7.2	串药
小计				103				68.6	

根据数值模拟确定的隧道二衬切割及减震爆破参数,台阶法原位扩挖施工的效果如图 5.13 所示。

图 5.13 台阶法原位扩挖爆破效果图

4)钻孔爆破施工

既有衬砌周边爆炸孔为掏槽孔,掏槽孔向内呈一定角度,以此形成临空面。采用低密度、低爆速、低猛度的标准药卷,外径 32 mm,单卷装药量 0.2 kg,密度

1.05 kg/m。其中,起爆采用电雷管,传爆采用非电毫秒雷管,起爆顺序:起爆器→激发笔→导爆管→非电毫秒雷管→炸药。填塞段材料使用黏土或砂加黏土,粒度不大于 10 mm,不能用石块堵塞,每填入 0.2 m 处用木棍或竹竿捣固密实。

隧道采用光面爆破技术,光爆孔装药结构采用不耦合装药。辅助孔采用连续装药,掏槽孔装填高密度的炸药,增加装药密度,如图 5.14(a)、(b)所示。底板孔装药如图 5.14(c)所示。周边孔采用不连续装药,如图 5.14(d)所示,钻孔中将炸药分成数段,加强光面爆破效果。

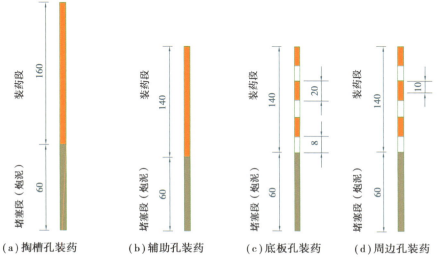

图 5.14 装药结构示意图

5)隧道爆破振动监测方法

隧道爆破振动监测试验采用 TC4850 爆破测振仪,爆破测振仪包括自动采集系统、速度传感器、振动测试仪,爆破振动速度监测所用仪器如图 5.15 所示。

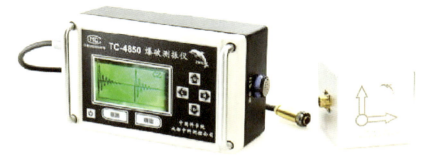

图 5.15 爆破振动速度监测设备

爆破测振仪传感器安装时应清除地表松散物体,并测量地表平整度,传感器表面需安装铁罩或橡胶罩保护。用熟石膏将传感器粘接在地表或侧壁,熟石膏固化后粘结在建筑物或基岩表面。单向振动速度传感器保持铅直,三矢量振动传感器 Z 向铅直,X 向指向爆点水平径向,Y 向为水平切向,三个分量的峰值均不超过安全允许标准。

5.4 本章小结

①地铁暗挖减震控制爆破方法切割分块既有区间隧道结构,利用围岩原位扩挖爆破冲击力,实现隧道衬砌结构快速安全拆除;基于 CD 法和台阶法,利用有限元数值模拟 ANSYS/LS-DYNA 优化了暗挖区间隧道原位扩挖地铁车站减震控制爆破方案。

②针对轴向不耦合系数与径向不耦合系数对光爆效果的影响得出结论:轴向不耦合系数的大小对光爆效果的影响比径向不耦合系数的大小更加明显。当不耦合系数为 0 时,通过改变轴向不耦合系数可使半径残留率在最小值 55%,最大值 85%。当径向不耦合系数在 2 时,通过改变轴向不耦合系数可使半径残留率在最小值 90%,最大值 95%。

③区间隧道原位扩挖形成的减震控制爆破方法,解决了地铁区间隧道原位扩挖成大断面车站施工中二衬拆除效率低、爆破扰动大的施工难题,实现了安全、高效的减震控制爆破扩挖施工,为原位扩挖游轮母港车站项目节约工期 104 天。

第6章 地铁车站超深竖井施工力学分析

竖井机械化施工主要体现在凿岩、出渣和支护三个工序环节,合理地调配这三个工序,能有效提高施工进度。同时超深竖井施工,破坏了原岩应力,应力重新分布,局部产生应力集中,易引起坑底土体隆起变形、围岩变形和片帮,使围护结构安全产生较大影响。本章通过数值模拟,分析地铁车站超深竖井施工对围岩的力学响应。

6.1 工程背景

重庆轨道交通 9 号线一期工程(高滩岩-兴科大道)红岩村站位于重庆市渝中区经纬大道和沙滨路之间,沿经纬大道向东敷设。红岩村站为地下两层暗挖车站。地下一层为站厅层,地下二层为站台层。红岩村站总长 262.3 m,总宽21.8 m,中心里程处车站轨面埋深约 106.37 m,车站采用 13 m 岛式站台,长度140 m,单拱双层结构,车站隧道采用复合式衬砌,开挖净宽 24.24 m,开挖高度21.23 m。红岩村站前后区间均采用钻爆法施工。

车站共设两座风亭组,为暗挖复合衬砌结构。1 号风亭组位于车站小里程端南侧,风亭组全长 49.31 m,竖井深 115.685 m,1 号风亭组的新、排风结合安全出口为高风亭,位于原卡福厂地块西北侧,卡福厂已拆迁,现为中海住宅项目建设用地,同时 1 号风亭组另一侧为协信阿卡迪亚小区,风亭组紧邻该小区围墙,如图 6.1 所示。

图 6.1 红岩村站平面示意图

　　红岩村站 2 号风亭组位于车站大里程端南侧,风亭组全长 83.43 m,竖井深 112.245 m,其中竖井分为两种断面,竖井上部扩大断面段长 35.4 m,宽 5.6 m,埋深 14 m,竖井标段断面段长 20.1 m,宽 5.6 m,埋深 92 m,如图 6.2 所示。风亭组及竖井结构均采用钻爆法施工。风亭组埋深较深,最大埋深超过 100 m,地质条件较好,竖井上部 7 ~ 8 m 位于土层中,其余结构均位于岩层中,风亭组和竖井结构施工对地表及周边建(构)筑物影响较小,但竖井属于深大竖井,施工过程中存在一定风险。

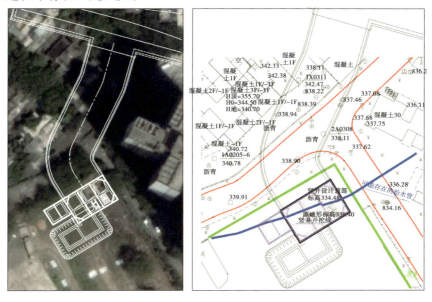

图 6.2 2 号风亭组平面示意图

6.2　风亭组工程地质情况

1）地形地貌

工程场地地貌属构造剥蚀丘陵区,地形总体特征为南高北低,西高东低。场地受人类活动改造明显,车站地表现状为台阶状居住区(协信阿卡迪亚小区),场地地形陡峻,最高处高程 340 m 左右,最低处 204 m 左右,相对高差约 136 m。

重庆轨道交通 9 号线一期红岩村站位于嘉陵江南岸,嘉陵江位于车站以北约 300 m。嘉陵江外侧约 75 m 为嘉陵路,嘉陵路路面高程 202 ~ 208 m,为高架桥形式;牛滴路位于嘉陵路外侧,为高架桥形式,和嘉陵路平行分布,路面高程 198 ~ 202 m。嘉陵路以上为岩质陡坡,地形坡角一般为 40° ~ 70°,坡顶一带分布厚层-块状砂岩,为陡崖,坡角 60° ~ 80°,崖顶高程 278 ~ 282 m,崖底高程 258 ~ 268 m,崖高 15 ~ 25 m,陡崖带中分布危岩,砂岩与泥岩间形成岩腔(断面约 2 m×2 m),长 10 ~ 20 m,已采用柱支撑。

2）地层岩性

场地出露的岩层为一套强氧化环境下的河湖相碎屑岩沉积建造。出露的地层由上而下依次可分为第四系全新统填土层(Q_4^{ml})、残坡积层(Q_4^{el+dl}),侏罗系中统沙溪庙组(J_2s)沉积岩层。岩性可分为砂岩、砂质泥岩。各层岩、土特征分述如下。

(1)第四系全新统素填土(Q_4^{ml})

人工填土(Q_4^{ml}):人工填土基本上以素填土为主。素填土多为褐色、杂色,稍湿,以黏性土夹砂岩、泥岩碎(块)石为主,块、碎石粒径一般为 20 ~ 500 mm,部分可达 1 000 mm,块、碎石含量比例与深度、部位等无联系,呈随机分布,一般松散 ~ 稍密,局部存在架空现象。厚度一般为 0 ~ 10 m,钻孔揭示最大厚度为 32.81 m(钻孔 ZK150),堆积方式为任意抛填,堆填时间 8 年以上。在填土底部、覆盖层与基岩接触带(基岩面附近)或上层滞水出路点地段,受地下水频繁活动影响,常形成以软 ~ 流塑状黏性土为主、厚度 0.1 ~ 0.3 m(局部可达 0.5 m)的软弱薄层。

(2)第四系全新统残坡积层(Q_4^{el+dl})

褐色、灰褐色,可塑状。干强度中等,韧性中等,稍有光滑,无摇振反应,残坡积成因,厚度 0 ~ 0.9 m。粉质黏土局部分布于场地地表及斜坡坡面,厚度一般较小。

（3）侏罗系中统沙溪庙组（J_2s）

砂质泥岩：以红褐色～紫褐色为主，粉砂～泥质结构，中厚层状构造，主要矿物成分为黏土质矿物，局部含灰绿色砂质团块及条带。中等风化岩体裂隙不发育，岩体总体较完整，岩芯呈柱状～中长柱状。局部地段含砂重，强度变异性较大，岩体基本质量等级为Ⅳ级，为场地主要地层。

砂岩：灰色、灰红色，细粒结构，中厚层状构造，主要矿物成分为石英、长石及云母等，偶有钙泥质胶结。中等风化岩体裂隙不发育，岩体总体较完整，岩芯多呈柱状。岩体基本质量等级为Ⅲ—Ⅵ级。

场地内岩土界面受原始地形影响，起伏变化较大，局部受后期人工开挖施工影响，有陡坎存在。基岩强风化带厚度变化较小，基岩强风化带岩体破碎，风化裂隙发育，岩质软，岩体基本质量等级为Ⅴ级。厚度一般为 0.5～3.5 m，局部岩芯较破碎。

3）地质构造及基岩面起伏情况

车站位于石马河向斜西翼，为川东褶皱束中沙坪坝-重庆复式褶皱曲中次一级褶曲，无断裂构造通过。据调查测绘，场地岩层倾向 140°，倾角 8°，局部倾角 15°；据实地量测，基岩中发育裂隙三组，裂隙发育情况如下：

J1. 倾向 350°～0°，倾角 55°～65°，裂隙面粗糙，宽度 2～8 mm，偶见黏性土充填，裂隙间距 2～5 m，延伸长度一般 5～10 m，局部可达数十米，切割深度 5～20 m，连通性较好，裂隙属硬性结构面，结合差。

J2. 倾向 260°～270°，倾角 65°～75°。裂隙面较直，延伸长度 3～5 m，闭合为主，裂隙间距 2～5 m，无充填物或局部有部分方解石充填，裂隙属硬性结构面，结合差。

J3. 倾向 80°～90°，倾角 65°～75°，倾向与 J2 裂隙相反，裂隙性状与 J2 一致。

基岩面起伏情况：拟建场区范围内基岩一般埋深 0～22.8 m，基岩面坡角以 5°～15°为主，总体较平缓，局部较陡处可达 35°左右，岩土界面总体起伏较小。

4）水文地质条件

车站地形总体特征为南高北低，地形起伏较大，降水从高处向低处排泄，并在地势低洼处汇集，水文地质环境总体较简单。地下水以松散孔隙水和基岩风化裂隙水为主，地下水总体较贫乏。补给源主要为冲沟和大气降水，水量大小受气候和季节性的影响，变化较大。

（1）松散层孔隙水

松散层孔隙水埋藏于人工填土层和残坡积层中，多为局部性上层滞水。场地内土层主要为人工填土，人工填土的分布位置相对较高，下伏岩面较陡，降水进入填土层后易于向低洼处排泄，勘察期间将孔内循环水被提干后，观测恢复水位，24 小时后，基本无恢复水位，为干孔。

（2）基岩裂隙水

基岩裂隙水包括风化裂隙水和构造裂隙水。风化裂隙水分布在浅表基岩强风化带中，由大气降水补给，水量小，受季节性影响大。构造裂隙水分布于厚层块状砂岩层中，以层间裂隙水或脉状裂隙水形式储存，泥岩相对隔水。工程区基岩中地下水水量有限，随季节有所变化，基岩裂隙水主要呈脉状或滴状，水量很小。

隧洞围岩岩体砂质泥岩的渗透系数为 0.081 m/d，属于微透水层；砂岩的渗透系数为 0.31 m/d，属于弱透水层。场地素填土中无地下水，根据经验和类比相似场地，素填土的渗透系数可取 2.0 m/d。依据《岩土工程勘察规范》GB 50021—2001（2009 年版）Ⅱ类环境水进行判定，场区地下水对混凝土结构、混凝土结构中钢筋及钢结构有微腐蚀性。

5）岩土设计参数

重庆轨道交通 9 号线红岩村站岩土设计参数见表 6.1。

表 6.1　岩土设计参数

岩土名称参数		素填土	砂岩		砂质泥岩		裂隙面	岩层层面	岩土界面
			强风化	中风化	强风化	中风化			
自然重度/(kN·m⁻³)		20*	23.0*	25.8	23.5*	25.7			
岩石抗压强度/MPa	天然			39.9		17.7			
	饱和			29.8		11.1			
导热系数/[W·(m·K)⁻¹]				3.05		1.74			
热容比/[kJ·(kg·℃)⁻¹]				0.84		0.88			
内聚力 C/kPa		5*		2 100*		648	50*	25*	25*
内摩擦角 φ/(°)		25*		42.0*		32.0	18*	15*	12*
抗拉强度/kPa				620*		200			

续表

岩土名称参数	素填土	砂岩		砂质泥岩		裂隙面	岩层层面	岩土界面
		强风化	中风化	强风化	中风化			
变形模量/MPa			4 781		1 557			
弹性模量/MPa			5 681		2 043			
泊松比 μ			0.11		0.37			
地基承载力基本值/kPa		450*	2 500	350*	1 000			
岩土体与锚固体极限黏结强度标准值 f_{rbk}/kPa	80		1 200		730			
围岩弹性反力系数/（MPa·m^{-1}）			500*		230*			
围岩与圬工的摩擦系数	0.25*	0.35*	0.60*	0.30*	0.45*			
静止侧压力系数			0.30*		0.40*			
基床系数/（MPa·m^{-1}） K_h（水平）			380*		200*			
K_v（垂直）			480*		240*			

注:带"＊"为经验值。

6）工程地质评价

1 号风亭组埋深约 110.6 m,顶板以上中等风化岩石厚度为 72～74.5 m,洞室围岩为砂质泥岩及砂岩,围岩基本分级为Ⅳ级,地下水状态为Ⅰ级,呈潮湿或点状出水,围岩分级为Ⅳ级,洞顶中等风化岩石厚度大于 2.5 倍压力拱高 17.8 m（ $h=7.12$ m）,属于深埋洞室,围岩一般无自稳能力,有明显塑性流动变形和挤压破坏,支护不及时会出现中～大塌方,侧壁有时失去稳定。洞室侧壁受裂隙切割影响,无支护时侧壁有可能局部掉块。

1 号风亭组竖井上部土层厚度为 8.1～11.9 m,主要为素填土,下部岩层主要为砂质泥岩夹砂岩,岩土界面倾角较平缓,土体不会沿岩土界面整体滑动,但直立开挖会引起土体内部滑动,建议土质段采用桩板挡墙先支挡后开挖。下部岩质竖井深度约 104 m,上部 10 m 段围岩级别为Ⅴ级、下部 10～104 m 段围岩级别为Ⅳ级,如图 6.3 所示。

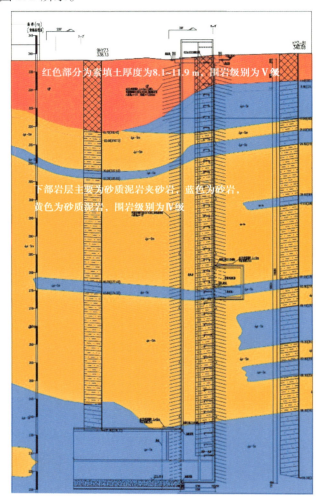

图 6.3　风亭组地质构造图

南东侧井壁:井壁长 20.8 m,井深约 112 m,倾向 328°,井壁岩体主要为砂质泥岩及砂岩。裂隙 J1、裂隙 J1 与裂隙 J2 的组合交线 AO 为南东侧井壁的外倾结构面,井壁稳定性主要由裂隙 J1、裂隙 J1 与裂隙 J2 的组合交线 AO 控制,受其影响可能产生局部掉块。

南西侧井壁:井壁长 14 m,井深约 116 m,倾向 58°,井壁岩体主要为砂质泥岩及砂岩。裂隙 J3、裂隙 J1 与 J3 的组合交线 BO、裂隙 J1 与层面的组合交线 CO 为南西侧井壁的外倾结构面,但组合交线 CO 倾角仅 4°,CO 对井壁稳定性影响小,井壁稳定性主要由裂隙 J3、裂隙 J1、J3 的组合交线 BO 控制,受其影响可能产生局部掉块。

北西侧井壁:井壁长 20.8 m,井深约 111 m,倾向 148°,井壁岩体主要为砂质泥岩及砂岩。J2 及层面的组合交线 *DO*、J3 及层面的组合交线 *EO* 为北东侧井壁的外倾结构面,但 *DO* 倾角仅为 6°,*EO* 倾角仅为 7°,组合交线 *DO*、*EO* 对井壁稳定性影响小,井壁稳定性主要受岩体自身强度控制。

北东侧井壁:井壁长 14 m,井深约 116 m,倾向 238°,井壁岩体主要为砂质泥岩及砂岩。裂隙 J2 为南东侧井壁的外倾结构面,井壁稳定性主要由裂隙 J2 控制,受其影响可能产生局部掉块。

6.3 施工方法

1)风道施工方法

风道施工整个断面分四步进行开挖,如图 6.4 所示,①②部为所开挖的上断面,③④部为下断面,施工步序为①→③→②→④。

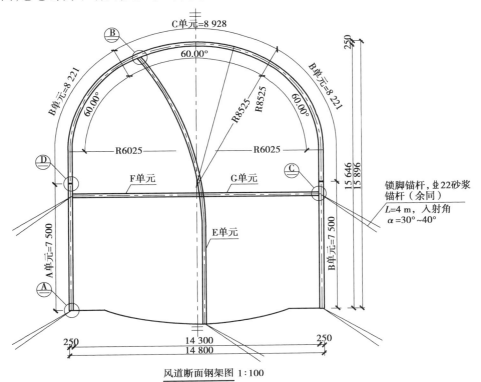

风道断面钢架图 1:100

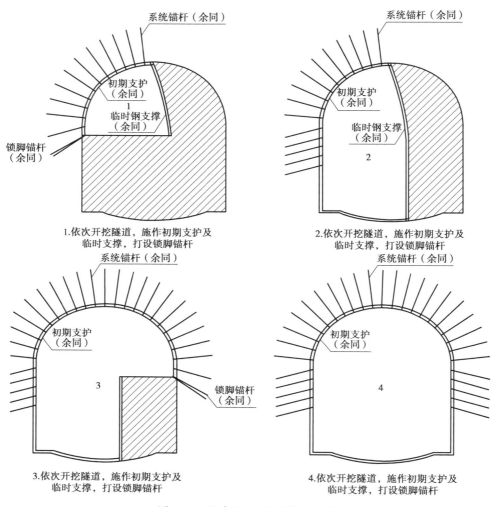

图 6.4 风亭组风道开挖步序图

2）竖井上部放坡开挖

在上部回填土段，竖井进行放坡开挖，渣土外运，分层开挖深度为 0.5 m。

3）反井钻孔施工

红岩村站 1#风亭组竖井深度达 117.729 m，是目前国内地铁工程最深的竖井，在研究了大量竖井施工工艺的基础上，采取反井钻机的方式进行漏渣孔的施工，分层开挖漏渣（渣土通过风道在车站主体中运出）。

（1）反井钻机概况

反井钻机工作原理是通过钻机的电机带动液压马达，液压马达驱动动力头，并利用液压动力将扭矩传递给钻具系统，带动钻杆及钻头旋转，导孔钻头或扩孔钻头上的滚刀在钻压的作用下,沿井底岩石工作面作纯滚动或微量滑移。同时主机油缸产生的轴向拉、压力,也通过动力头、钻杆作用在导孔钻头或扩孔钻头上使钻头滚刀在钻压作用下滚动,产生冲击荷载,使滚刀齿对岩石产生冲击、挤压和剪切作用,破碎岩石。被破碎的岩屑在导孔钻进时被正循环的洗井液冲洗,岩屑沿着钻杆与孔壁间的环形空间由洗井液提升到钻孔外。扩孔施工时将导孔钻头卸下,安装反扩滚刀,岩屑靠自重直接落到下水平巷道内,采用装载机和运输设备及时清理运出。该机器施工工艺简单,钻井速度快,适应性强,能满足不同岩层施工需求。经充分调研,红岩村站 1 号风亭组竖井反井施工选用 ZFY3.5/150/400 型反井钻,如图 6.5 和图 6.6 所示。

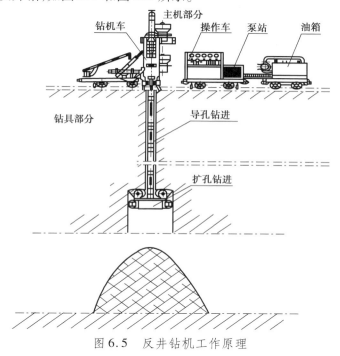

图 6.5 反井钻机工作原理

(2)反井孔的施工

①场地平整。反井钻机安装时需先将井口开挖至岩石部分,将竖井回填土开挖完成之后,再将反井钻机部件吊至井内进行安装,以钻孔为中心浇筑 3.0 m 长、3.0 m 宽的混凝土施工平台。主机运搬尺寸为长 3 m,宽 1.75 m,高 1.75 m;主机工作尺寸为长 4.85 m,宽 1.9 m,高 5.25 m。

②反井钻施工方法及施工流程。反井钻机是连续钻进导孔的机械化设备,其施工方法是将反井钻机安装在上部浇筑好的混凝土基础上,自上而下钻进小直径导向孔,导向孔和下部风亭组贯通后,拆掉导孔钻头并安装扩孔钻头,自下而上扩孔至井口,如图 6.7 所示。导向孔钻进时破碎下来的岩屑由循环液带出

地面,扩孔时破碎掉落下来的岩屑靠自重落到风亭组风道,由装载机和出渣车运出。施工流程如图6.8所示。

图6.6　反井钻机

图6.7　扩孔示意图

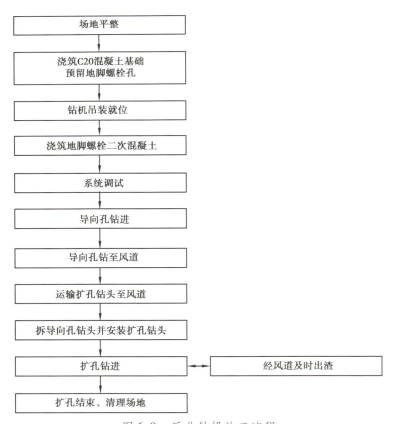

图6.8　反井钻机施工流程

③漏（溜）渣孔的布置。需要施作溜渣孔,溜渣孔位置及参数如图 6.9 所示。

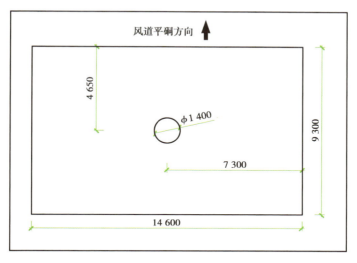

图 6.9 溜渣孔位置

4）岩石地层竖井开挖

在岩石地层地段,竖井分层开挖-漏渣-通过风道和车站外运,岩石地层分层开挖深度为 1.0 m。

5）支护参数

1#、2#风亭组竖井的支护参数见表 6.2 和表 6.3。

表 6.2 风亭组(1#)风道参数

隧道尺寸		初期支护			辅助措施	二次衬砌
开挖宽度	开挖高度	湿喷混凝土	锚杆	钢架	超前措施	
14.8	16.8	250 mm 厚双层 φ8@200×200 mm 挂网喷射 C25 混凝土	C22 砂浆锚杆,L=4 m,环纵向距 1.0 m×1.0 m,梅花形布置	I18 型钢钢架@1 000 mm	与主体结构交叉口处设置三排 φ42 超前小导管	600 厚 C40（P12） 钢筋混凝土

表6.3　风亭组（2#）竖井参数

隧道尺寸		初期支护			临时支撑	二次衬砌
开挖宽度	开挖高度	湿喷混凝土	锚杆	钢架		
14.6	9.3	250 mm 厚单层 $\phi8@200\times200$ mm 挂网喷射 C25 混凝土	C22 砂浆锚杆，$L=4$ m，环纵向距 1.0 m×1.0 m，梅花形布置；浅埋段 $L=6$ m，环纵向距 1.0 m×0.5 m	I18 型钢钢架@1 000 mm	浅埋段临时工字钢支撑 HW250 间距为 1.0 m，其余 I18 型钢间距为 2.0 m。浅埋段临时工字钢角撑为 HW250 型钢，其余为 I18 型钢	500 厚 C40（P12）钢筋混凝土

6.4　超深竖井施工围岩稳定性与应力分析

6.4.1　模型的建立

1）边界条件和本构模型

数值模拟段围岩以砂质泥岩、砂岩为主，上覆少量回填土层，围岩等级为Ⅳ级。数值计算中假定岩体为各向同性，采用 Mohr-Coulomb 屈服准则，Mohr-Coulomb 屈服准则认为材料的破坏属于剪切型破坏，公式如下：

$$\tau = c + \sigma \tan \varphi \tag{6.1}$$

式中，c 为黏聚力，σ 为破坏面上的法向应力，φ 为内摩擦角。

采用岩石三轴压缩试验，可测定发生某破坏面时主应力表达的破坏准则，在 $\sigma_1 > \sigma_2 = \sigma_3$ 的条件下，三轴压缩试件内破坏面与最小主应力方向之间的倾角为 β，则破坏面上的剪应力和法向应力为：

$$\tau = \frac{\sigma_1 - \sigma_2}{2} \sin 2\beta \tag{6.2}$$

$$\sigma = \frac{\sigma_1 + \sigma_3}{2} + \frac{\sigma_1 - \sigma_3}{2} \cos 2\beta \tag{6.3}$$

其中: $\beta = 45° + \dfrac{\varphi}{2}$

将式(6.2)、式(6.3)代入式(6.1)中,可以得到:

$$\frac{\sigma_1 - \sigma_3}{2} = c\cos\varphi + \frac{\sigma_1 + \sigma_3}{2}\sin\varphi \tag{6.4}$$

以应力不变量及偏应力不变量表示的屈服准则为:

$$\frac{1}{3}I_1\sin\varphi - \left(\cos\theta_\sigma + \frac{1}{\sqrt{3}}\sin\theta_\sigma\sin\varphi\right)\sqrt{J_2} + c\cdot\cos\varphi = 0 \tag{6.5}$$

式中 θ_σ 为 Lode 应力角,其取值范围为:

$$-\frac{\pi}{6} \leqslant \theta_\sigma = \frac{1}{3}\sin^{-1}\left(-\frac{3\sqrt{3}}{2}\cdot\frac{J_3}{J_2^{3/2}}\right) \leqslant \frac{\pi}{6} \tag{6.6}$$

在主应力空间中,Mohr-Coulomb 屈服面的形状是一个不等角的六边形锥体。

在进行数值计算时,计算模型边界条件设置:水平边界上采用横向位移约束,底部边界采用竖向位移约束,顶部地表为自由约束。

2)模型材料参数

材料采用 Mohr-Coulomb 本构模型,模型参数较少,且参数的获取较为方便简单,可以考虑到岩土体的各种工程性质,因此在地下工程有限元分析中得以广泛地应用。根据地勘报告和施工图设计,数值模拟采用的岩土物理力学参数见表6.4。

表6.4　岩土物理力学参数

材料	E/MPa	μ	γ/(kN·m^{-3})	c/kPa	φ/(°)
回填土	20	0.38	20	20	25
砂质泥岩	2 000	0.37	25.7	648	32
砂岩	5 000	0.25	25.8	2 100	42
竖井初期支护	2.12×10^4	0.20	23.0		
锚杆	2.1×10^5				

3)数值分析模型开挖方法和开挖步序

(1)风道施工

1号风亭组施工方式为风道先施工第一步并打至尽头,为反井钻机溜渣提供空间。在超深竖井的研究中,风道不作为本次模型研究的重点,故对风道进行一次性开挖和一次性初支。

（2）放坡施工

上部回填土层厚约 10 m,施工中采用放坡减小回填土厚度,回填土段采用全断面机械开挖,一次开挖厚度为 0.5 m,采用土钉墙进行边坡支护。在本模型中,由于回填土不作为深竖井施工的重点研究对象,故对回填土进行一次开挖放坡,采用 500 mm 喷射混凝土代替土钉墙支护。

（3）漏渣孔开挖

反井钻机先自上而下的钻进小直径导向孔,导向孔和下部风亭组贯通后,拆掉导孔钻头并安装扩孔钻头,自下而上扩孔至井口。在本模型中,漏渣孔的直径为 1.4 m,对漏渣孔进行一次性开挖。

（4）竖井开挖

竖井地面以下 20 m 范围内采用非爆破开挖,其余采用爆破开挖。开挖进尺为 1 m。在本模型中,竖井采用全断面开挖,开挖进尺设置为 2 m。

4）模型建立

1 号风亭组竖井上部土层厚度为 8.1～11.9 m,主要为素填土,下部岩层主要为砂质泥岩夹砂岩,岩土界面倾角较平缓,土体不会沿岩土界面整体滑动,但直立开挖会引起土体内部滑动,建议土质段采用桩板挡墙先支挡后开挖。下部岩质竖井深度约 104 m,上部 10 m 段围岩级别为 Ⅴ 级、下部 10～104 m 段围岩级别为 Ⅳ 级,竖井支护如图 6.10 所示。

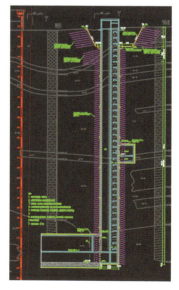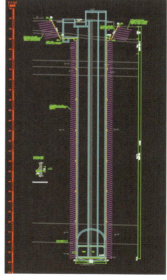

图 6.10　竖井支护图

　　1 号风亭组施工方式为风道先施工第一步并打至尽头,为反井钻机溜渣提供空间;待反井钻机设备安装完成后施工溜渣孔贯穿整个竖井,并进行竖井的开挖。竖井顶部 20 m 采用非爆开挖的方式进行,其余部分采用爆破开挖,竖井开挖至井底施工面至风道初期支护结构距离为 5 m 时,风道内部通过漏渣孔形成的堆渣不再彻底清理,随开挖随清理,并要求将洞渣堆至距漏渣孔底约 1 m,确保安全。

　　模型根据设计图纸和施工步序建立,模型以 X 轴为风道走向,Z 轴为竖井方向。X 方向宽 110 m,Y 方向宽 140 m,模型高 200 m。风道尺寸为宽 14.2 m、高 16.3 m,竖井尺寸为长 14.3 m、宽 9.6 m、高 117.96 m。模型总单元数 229 490 个,总节点数 1 274 293 个,如图 6.11、图 6.12 所示。

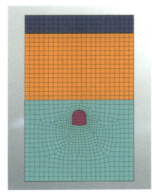

图 6.11　竖井数值分析模型(左视图、前视图、轴测图)

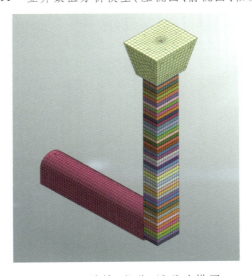

图 6.12　放坡、竖井、风道建模图

6.4.2　竖井开挖围岩位移

1）竖井围岩位移

图6.13（a）为竖井施工后 X 方向围岩变形云图，由图可以看出，竖井开挖后，围岩 X 方向的位移分布均匀，沿 Z 轴方向随深度发生变化，最大值均在砂质泥岩底层范围内，最大值出现在竖井靠下侧，最大值为6.85 mm，方向为 X 轴负方向；图6.13（b）为竖井施工后 Y 方向围岩变形云图，最大 Y 方向位移出现在竖井下侧，最大值为5.58 mm，方向沿 Y 轴负方向；图6.13（c）为竖井施工后 Z 方向围岩变形云图，最大 Z 方向位移出现在风道隧道处，其中隧道拱顶沉降为4.61 mm，隧道地拱起位移为6.9 mm。

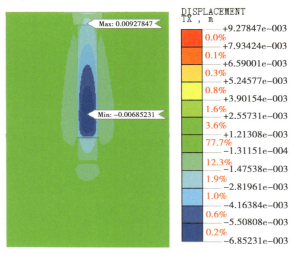

（a）X方向围岩位移云图

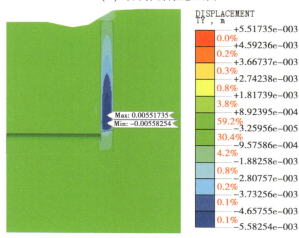

（b）Y方向竖井位移云图

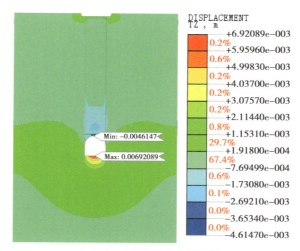

（c）Z方向竖井位移云图

图6.13 竖井施工引起的围岩位移云图

综上所述，围岩X方向的位移与Y方向的位移相比，X方向的位移较大。围岩位移随着竖井深度的加深而增加，砂质泥岩底层的位移相比砂岩底层的位移较大一些。受一侧风道及地层厚度的影响，在同一深度，竖井两侧围岩的位移不完全相同，但相差不大。Z方向位移符合隧道围岩位移的基本理论。

分别提取X、Y方向，围岩最大位移点处位移随施工步距变化的相关数据绘制图如图6.14所示。由图6.14可得，随着竖井的开挖越来越深，在逐渐靠近最大位移点时，开挖对该点围岩位移产生的影响越来越大，当开挖深度超过该点时，随着竖井的施工，该点的位移逐渐达到稳定状态。

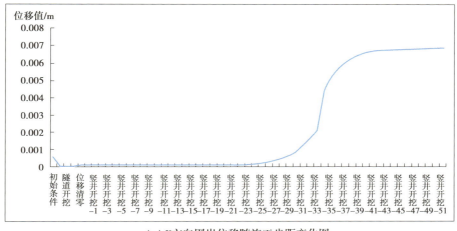

（a）X方向围岩位移随施工步距变化图

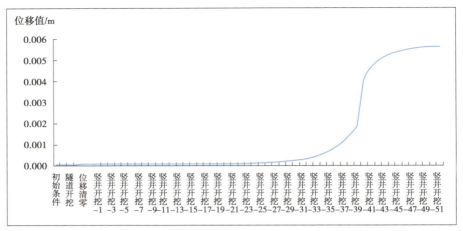

（b）Y方向围岩位移随施工步距变化图

图6.14　围岩位移随施工步距变化图

2）竖井支护结构位移

竖井衬砌位移理论上与对应点的围岩位移一致，为了更直观地表示围岩与竖井支护结构位移，绘制竖井支护结构位移云图及位移随深度变化图。由图6.15可得衬砌结构的位移与围岩一致。在砂质泥岩区，位移随深度变化逐渐增加，在砂岩地层区，位移变化明显减少。竖井两个长边方向，因一侧受风道的影响，位移最大点更偏下一些，竖井两个短边方向，位移最大点基本处于同一深度。

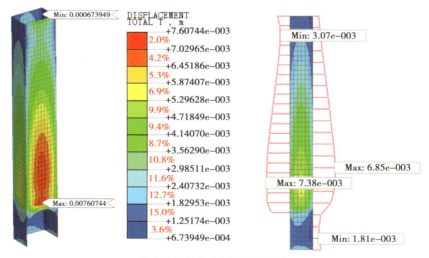

（a）总支护结构位移与深度变化图

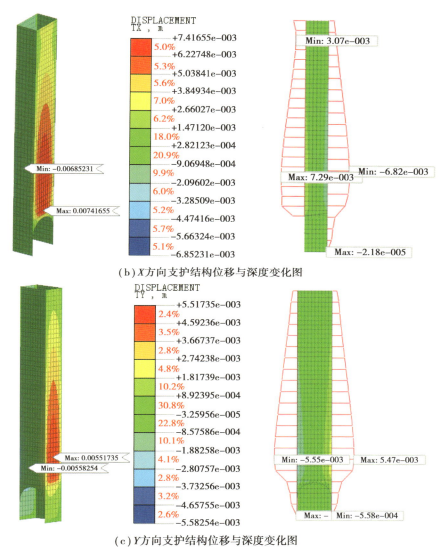

（b）X方向支护结构位移与深度变化图

（c）Y方向支护结构位移与深度变化图

图 6.15 竖井支护结构位移与深度变化图

6.4.3 竖井开挖围岩应力

1）围岩最大主应力

由图 6.16、图 6.17 可知，围岩最大主应力以压应力为主，最大主应力出现在风道拱脚及直墙与底部连接处，模型不对风道进行深入分析。竖井围岩在交叉口处有应力集中现象，最高应为 5 MPa 左右，施工过程中，应对交叉口处加强支护，避免应力集中带来的不利影响。

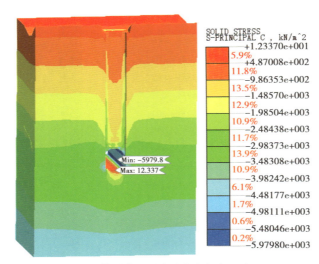

（a）X轴纵截面围岩最大主应力云图

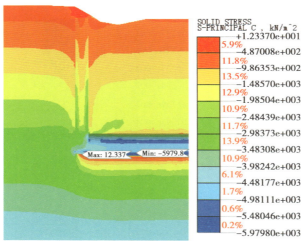

（b）Y轴纵截面围岩最大主应力云图

图6.16　纵截面最大主应力云图

2）围岩最小主应力

图6.18、图6.19为地层纵截面最小主应力云图，由图可得，围岩最小主应力以拉应力为主，随着深度的增加，竖井围岩逐渐从拉应力变为压应力，但在竖井边角处，出现了压应力区；最小主应力最大值出现在竖井与风道交界口处，此处出现了应力集中现象，变现为拉应力的形式。

因此，在施工过程中，要注意竖井边角以及竖井与风道交叉口处的应力集中现象，要加强对竖井边角的防护，避免出现挤压破坏的情况，同时，要加强竖井与风道交叉口处的支护，避免出现受拉破坏。

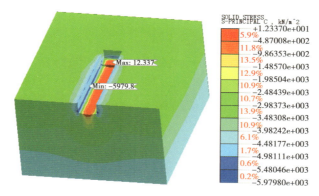

图 6.17　最大主应力位置显示图

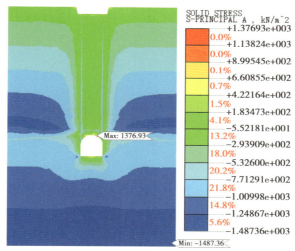

（a）X 轴纵截面围岩最小主应力云图

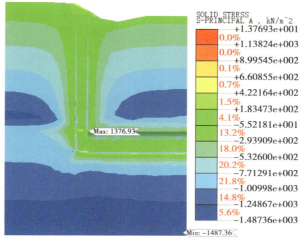

（b）Y 轴纵截面围岩最小主应力云图

图 6.18　纵截面最大主应力云图

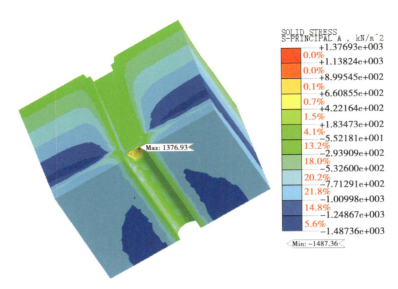

图 6.19　最小主应力位置显示图

6.4.4　竖井支护结构应力

1）最大主应力

由图 6.20 可知，竖井支护结构大部分应力为拉应力，在竖井支护结构上下两端以及与风道拱顶交接处出现部分压应力区，其中，竖井支护结构靠近风道一侧，出现部分拉应力区，有明显的应力集中现象。

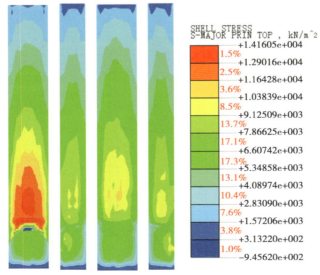

图 6.20　竖井支护结构最大主应力云图

由图 6.21 可知,支护结构的最大主应力为拉应力,局部最大值为 14.16 MPa,位于靠近交叉口处,超过喷射混凝土抗拉强度,但不会引起支护结构的破坏,在施工过程中应足够重视应力集中的影响。

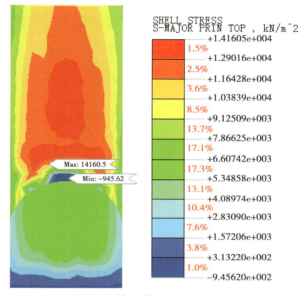

图 6.21　竖井支护结构最大主应力位置标示图

2) 最小主应力

由图 6.22 可知,竖井支护结构大部分受到拉应力,在支护结构下端长边方向以及支护结构棱角处部分区域受到压应力的作用,有明显的应力集中现象。

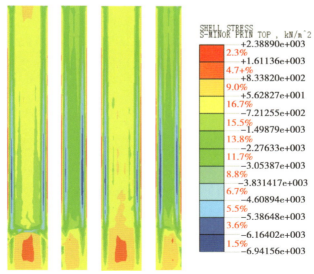

图 6.22　竖井支护结构最小主应力云图

由图 6.23 可知,支护结构的最小主应力为压应力,最大值为 6.94 MPa,未超过混凝土抗压强度。位于竖井中下侧支护结构棱边处,应力集中现象明显。在竖井中下侧棱边出现了拉应力区,其最大值为 2.39 MPa,其值已超过喷射混凝土抗拉强度,应引起足够的重视,注重竖井领边处的应力集中现象。

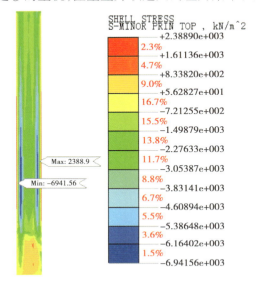

图 6.23　竖井支护结构最小主应力位置标示图

6.4.5　竖井开挖围岩塑性区

1)围岩塑性区

由图 6.24 可知,围岩塑性区主要集中在竖井中下侧砂质泥岩地层处在竖井与风道拱顶交界处,塑性区较为集中,泥岩地层仅此处出现塑性区。竖井上部无塑性出现。

2)竖井-风道交叉口分析

根据上述分析,竖井与风道交叉口处有明显的应力集中现象,绘制竖井-风道交叉口主应力图及支护结构主应力图,如图 6.25 和图 6.26 所示。

由图 6.25 可知,在交叉口处围岩主应力有明显额应力集中现象,风道拱脚及直墙底部有明显的应力集中现象,应在相应位置增强支护;竖井底角落处,有部分区域受到拉应力作用,应注意竖井边角破坏。

　　由图 6.26 可知,在竖井支护结构中,交叉口处的应力最大,为拉应力,局部最大值为 14.16 MPa,已超过混凝土极限抗拉强度,应注意此处的应力集中问题,增强交叉口处的支护,避免出现受拉破坏;隧道拱顶与竖井交界处支护结构受到压应力的作用,最大值为 3.02 MPa,未超过混凝土抗压强度。

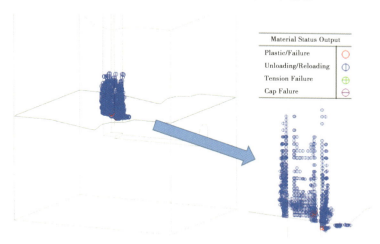

图 6.24　围岩塑性区

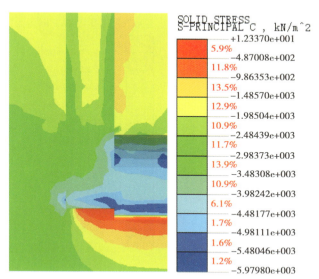

(a)交叉口围岩最大主应力云图

复杂条件下浅埋地铁建造围岩稳定与控制

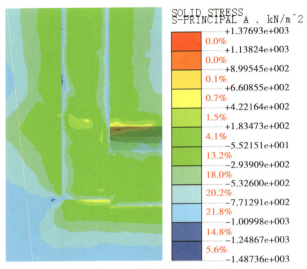

(b)交叉口围岩最小主应力云图

图6.25　交叉口围岩位移、主应力云图

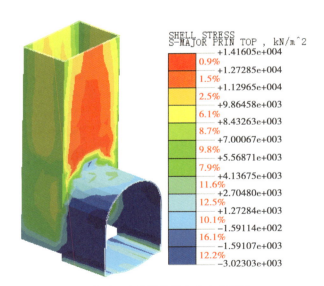

(a)交叉口支护结构最大主应力云图

152

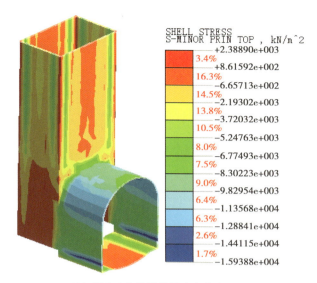

SHELL STRESS
S-MINOR PRIN TOP , kN/m^2

	+2.38890e+003
3.4%	+8.61592e+002
16.3%	-6.65713e+002
14.5%	-2.19302e+003
13.8%	-3.72032e+003
10.5%	-5.24763e+003
8.0%	-6.77493e+003
7.5%	-8.30223e+003
9.0%	-9.82954e+003
6.4%	-1.13568e+004
6.3%	-1.28841e+004
2.6%	-1.44115e+004
1.7%	-1.59388e+004

（b）交叉口支护结构最小主应力云图

图 6.26　交叉口支护结构位移、主应力云图

6.5　本章小结

采用 GTSNX 对竖井分步开挖进行建模分析,结论如下:

①围岩位移在限值范围内,位移最大值为 6.83 mm。X 方向的围岩位移较大,风道对围岩位移产生的影响较小。

②竖井围岩最大主应力以压应力为主,其最大值出现在风道拱脚与直墙底部,其值为 5.98 MPa,最小主应力以拉应力为主,其最大值出现在竖井与风道交叉口处。

③竖井支护结构受到的最大压应力为 6.94 MPa,未超过混凝土抗压强度,支护结构受到的拉应力较大,局部最大为 14.16 MPa,超过混凝土抗拉强度,且在与风道交接处有明显的应力集中现象,应该在施工中加强防范,防止受拉破坏。

④围岩塑性区主要集中在竖井中下侧砂质泥岩地层处在竖井与风道拱顶交界处,塑性区较为集中,竖井上部无塑性出现。

参考文献

［1］FANG H C, ZHANG D L, FANG Q, et al. A generalized complex variable method for multiple tunnels at great depth considering the interaction between linings and surrounding rock ［J］. Computers and Geotechnics，2021，129：103891.

［2］方黄城，张顶立，文明，等. 任意多孔条件下围岩力学分析的非迭代解析方法[J]. 岩石力学与工程学报，2020，39(11)：2204-2212.

［3］洪学飞，张顶立，方黄城，等. 隧道开挖影响下地层-基础体系的接触力学响应分析[J]. 力学学报，2021，53(8)：2298-2311.

［4］刘昌，张顶立，张素磊，等. 考虑围岩流变及衬砌劣化特性的隧道长期服役性能解析[J]. 岩土力学，2021，42(10)：2795-2807.

［5］林锋，陶家清，高恒潮，等. 特大断面泥质软岩隧道浅埋段施工力学特征及工法适应性分析[J]. 公路，2022，67(12)：388-396.

［6］宋高锐，王渭明，王国富，等. 盾构与浅埋暗挖隧道小净距并行施工工法优选[J]. 科学技术与工程，2021，21(15)：6472-6478.

［7］殷明伦，张晋勋，江玉生，等. 超大断面隧道工法转换过渡段最优长度[J]. 科学技术与工程，2021，21(3)：1163-1168.

［8］杨招，黄强兵，肖双全，等. 地裂缝场地地铁隧道施工 CRD 工法优化研究[J]. 工程地质学报，2021，29(2)：516-525.

［9］叶子剑. 隧道支护与围岩不良接触状态对衬砌结构安全性的影响[D]. 北京：北京交通大学，2021.

［10］方黄城. 隧道支护围岩系统的接触作用分析方法[D]. 北京：北京交通大学，2022.

［11］周墨臻，张丙印，张顶立，等. 基于三场变分原理的对偶 mortar 有限元法［J］. 工程力学，2020，37(6)：51-59.

［12］张顶立，方黄城，陈立平，等. 隧道支护结构体系的刚度设计理论［J］. 岩石力学与工程学报，2021，40(4)：649-662.

［13］罗光财，邓尤东，雷军，等. 超大断面浅埋暗挖地铁车站转换段施工技术［J］. 施工技术(中英文)，2022，51(7)：53-56.

［14］罗光财，陈章林，卢智强. 大断面浅埋暗挖地铁车站开挖技术研究［J］. 施工技术，2020，49(19)：114-117.

［15］卢智强，伍建，肖龙鸽，等. 既有桩基影响下隧道开挖地层变形规律研究［J］. 交通科技与经济，2020，22(3)：51-56.

［16］张艳涛，陈富东，卢智强，等. 深厚回填土地层超深桩基 360°全回转全套管施工技术［J］. 建筑机械，2018(12)：102-106.

［17］林福地，陈颖辉，陈晓梅，等. 深厚回填土中桩基承载性能的数值模拟研究［J］. 煤炭技术，2021，40(3)：190-192.

［18］华涛，马建清，陈勇，等. 复杂环境下浅埋隧道智能减震爆破施工技术［J］. 重庆建筑，2022，21(7)：64-66.

［19］任登富，简中飞，孟祥栋，等. 数码雷管错相减震爆破技术在地铁隧道施工中的应用［J］. 爆破，2020，37(2)：53-59.

［20］姜鸿. 城市地下隧道掘进减震爆破方案评价研究［J］. 科技通报，2017，33(12)：254-257.

［21］刘俊. 隧道爆破减震技术研究［J］. 价值工程，2023，42(28)：121-123.

［22］叶滔. 地铁车站暗挖竖井对临近建筑的影响分析［J］. 科技资讯，2023，21(19)：100-103.

［23］史宁强，史作璟，童晨材，等. 地铁车站通风竖井围岩侧压力特征及拐点预测［J］. 地下空间与工程学报，2021，17(S1)：196-202.

［24］翁承显，黄林，史宁强，等. 基于敏感性分析的地铁车站矩形深通风竖井支护参数优化［J］. 公路交通技术，2020，36(5)：121-127.

［25］陈天慧. 重庆地铁盾构隧道地表沉降分析［J］. 云南水力发电，2022，38(12)：66-69.

［26］杨志豪，丁鹏飞，邹光炯. 重庆地铁暗挖车站盾构过站方式研究及实践［J］. 隧道建设(中英文)，2021，41(2)：267-273.

［27］关晓迪，曹周阳，朱勇锋，等. 引入环向压应力系数的竖井井壁空间被动

土压力新解[J]. 科学技术与工程, 2022, 22(9): 3674-3681.

[28] 郭彪, 刘永才, 房锐, 等. 应力变化的真空-堆载预压下竖井地基固结分析 [J]. 地下空间与工程学报, 2015, 11(2): 338-342.

[29] 李阔, 李传勋. 考虑井阻随时空变化的竖井地基大应变非线性固结分析 [J]. 岩石力学与工程学报, 2023, 42(S1): 3743-3754.

[30] 杨鹏, 蒲诃夫, 宋丁豹. 竖井地基的大应变固结分析[J]. 岩土力学, 2019, 40(10): 4049-4056.